本书获国家重点研发计划项目（2017YFD0401401）、江苏省教育厅高校哲学社会科学基金项目（2018SJA0252）、中国博士后科学基金项目（2017M610321）及江苏省高校优势学科（PAPD）、现代粮食流通与安全协同创新中心资助

粮食生产、收储模式与粮食安全

易小兰　著

·北京·

图书在版编目（CIP）数据

粮食生产、收储模式与粮食安全 / 易小兰著. —北京：科学技术文献出版社，2019.12（2024.2重印）
ISBN 978-7-5189-6302-7

Ⅰ.①粮… Ⅱ.①易… Ⅲ.①粮食问题—研究—中国 Ⅳ.① F326.11

中国版本图书馆 CIP 数据核字（2019）第 270096 号

粮食生产、收储模式与粮食安全

策划编辑：孙江莉　　责任编辑：宋红梅　　责任校对：张吲哚　　责任出版：张志平

出 版 者	科学技术文献出版社
地　　址	北京市复兴路15号　邮编 100038
编 务 部	（010）58882938，58882087（传真）
发 行 部	（010）58882868，58882870（传真）
邮 购 部	（010）58882873
官方网址	www.stdp.com.cn
发 行 者	科学技术文献出版社发行　全国各地新华书店经销
印 刷 者	北京虎彩文化传播有限公司
版　　次	2019年12月第1版　2024年2月第3次印刷
开　　本	710×1000　1/16
字　　数	193千
印　　张	12
书　　号	ISBN 978-7-5189-6302-7
定　　价	58.00元

版权所有　违法必究

购买本社图书，凡字迹不清、缺页、倒页、脱页者，本社发行部负责调换

前　言

民为国基，谷为民命。粮食事关国计民生，粮食安全是经济发展和社会稳定的重要基础。近年来，中国工业化、城镇化进程明显加快，大量农村劳动力向城镇及非农产业转移，加之土地流转合法化、规范化，粮食生产规模化发展，种粮专业大户、家庭农场、农民合作社等新型农业经营主体已成为中国粮食生产的重要形式，在保障粮食安全中发挥着越来越重要的作用。粮食生产的规模化发展也对传统粮食产后收储模式提出了新的要求。然而，现有关于粮食产后收储模式及技术应用的研究一直没有引起足够的重视，相应的技术与装备缺乏，农业社会化服务尚未健全，导致种粮大户产后损失居高不下，成为国家粮食安全的重大隐患。在此背景下，本书运用理论分析与实证研究相结合的方法，系统研究粮食生产、收储模式与粮食安全。

本书的内容既是历史与现实的对接，也是对现阶段农业热点问题的思考。全书主要内容包括3个部分，第一部分考察美洲粮食作物在中国的传播及其对清代社会经济的影响，包括第一章至第四章；第二部分侧重于分析粮食生产及粮食产后收储，包括第五章至第七章；第三部分为粮食安全、价格波动及其调控，包括第八章和第九章。

其中，第一章为番薯引入与传播，主要介绍番薯的特性、引入路径及其传播过程。相较于中国传统粮食作物及其他美洲粮食作物，番薯具有高产、抗旱、耐涝的特性，并且在山地丘陵、盐碱沙地均可种植；番薯对自然灾害强大的抵御能力使得它在灾荒年间成为广大农民赖以生存的救命粮食。

第二章为番薯引入对清代人口增长的影响，利用清代1724—1898年的省级面板数据，实证分析番薯引入对清代人口增长的影响。

第三章实证分析番薯引入对清代战争是否发生、战争发生频率及战争爆发烈度的影响。

第四章实证分析番薯引入对清代粮食价格、真实工资和城镇化率的影响。中国农村劳动力成本上升对粮食生产及粮食安全的影响是当前社会各界关注的热点与焦点。

第五章利用2001—2017年省级面板数据，实证考察农村劳动力价格变化对粮食生产的影响及其区域差异。

农业补贴政策是中国保障粮食安全、提高农民收入的重要宏观调控工具。第六章基于农户微观调研数据，实证分析农业支持保护补贴对农户种粮意愿的影响。

农户粮食产后收储模式选择对于实现粮食产业化经营具有重要意义。第七章采用微观调查数据，实证分析农户粮食产后收储模式选择及其影响因素。

第八章为粮食安全及其预警研究综述，主要从粮食安全的内涵、粮食安全预警的产生、研究方法及指标选择等方面对已有相关文献进行梳理，试图概括该领域的研究进展，为后续研究提供一些参考。粮食安全是实现经济发展、社会稳定和国家安全的重要基础。粮食价格波动对CPI的影响一直是理论界研究的重要议题。

第九章主要采用协整检验、误差修正模型和格兰杰因果关系检验等计量方法，实证分析1978—2012年中国粮食价格波动对CPI的影响。

本书可为相关研究者提供可资交流的学术资料，也可为粮食生产者及有关部门提供一定的理论指导。但由于我们的水平有限，再加之成稿仓促，书中错误、纰漏之处在所难免，恳请读者批评指正。

目 录

第一部分 美洲粮食作物在中国

第一章 番薯引入与传播 ………………………………… 3
第一节 番薯的特性 …………………………………… 3
第二节 番薯的引入路径 ……………………………… 4
第三节 番薯的传播过程 ……………………………… 5
第四节 本章小结 ……………………………………… 7

第二章 番薯引入与人口增长 …………………………… 10
第一节 引 言 ………………………………………… 10
第二节 文献综述 ……………………………………… 12
第三节 样本与数据 …………………………………… 15
第四节 实证分析 ……………………………………… 21
第五节 本章小结 ……………………………………… 27

第三章 番薯引入对战争的影响 ………………………… 29
第一节 模型设定 ……………………………………… 29
第二节 番薯引入与战争发生 ………………………… 29
第三节 番薯引入与战争烈度 ………………………… 32
第四节 本章小结 ……………………………………… 34

第四章 番薯引入对经济的影响 ………………………… 36
第一节 番薯引入对粮食价格的影响 ………………… 36
第二节 番薯引入对真实工资的影响 ………………… 39
第三节 番薯引入对城镇化的影响 …………………… 40
第四节 本章小结 ……………………………………… 42

第二部分　粮食生产及产后收储

第五章　劳动力价格变化对粮食生产的影响 ·············· 45
- 第一节　引　言 ·············· 45
- 第二节　文献综述 ·············· 47
- 第三节　劳动力价格与粮食生产 ·············· 50
- 第四节　模型与数据 ·············· 53
- 第五节　实证分析 ·············· 55
- 第六节　本章小结 ·············· 62

第六章　农业支持保护补贴与农户种粮意愿 ·············· 64
- 第一节　引　言 ·············· 64
- 第二节　理论分析 ·············· 65
- 第三节　模型与变量 ·············· 68
- 第四节　实证分析 ·············· 71
- 第五节　本章小结 ·············· 76

第七章　粮食产后收储模式选择及影响因素 ·············· 78
- 第一节　引　言 ·············· 78
- 第二节　概念界定与文献综述 ·············· 78
- 第三节　调查设计与计量模型 ·············· 81
- 第四节　粮食收储可选技术方案 ·············· 86
- 第五节　实证分析 ·············· 92
- 第六节　本章小结 ·············· 97

第三部分　粮食安全、价格波动及其调控

第八章　粮食安全及其预警研究综述 ·············· 101
- 第一节　粮食安全的内涵 ·············· 101
- 第二节　粮食安全预警研究方法 ·············· 104
- 第三节　粮食安全预警指标选取 ·············· 107
- 第四节　本章小结 ·············· 110

第九章 粮食价格波动对 CPI 的影响 ·········· 112
第一节 粮食产需变动基本情况 ············ 112
第二节 粮食安全保障成本上升 ············ 114
第三节 粮食价格与 CPI 的互动关系 ········· 115
第四节 粮食价格波动对 CPI 的影响 ········· 116
第五节 本章小结 ···················· 119

附　录 ·························· 121
农业生产经营与农户融资意愿调查问卷 ········· 121
粮食产后收储模式与技术应用调查问卷 ········· 128
关于调整完善农业三项补贴政策的指导意见 ······· 155
关于全面推开农业"三项补贴"改革工作的通知 ····· 160
关于印发《农业支持保护补贴资金管理办法》的通知 ··· 165

参考文献 ························· 169

后　记 ·························· 183

第一部分　美洲粮食作物在中国

◎第一章　番薯引入与传播
◎第二章　番薯引入与人口增长
◎第三章　番薯引入对战争的影响
◎第四章　番薯引入对经济的影响

第一章 番薯引入与传播

第一节 番薯的特性

番薯又称为甘薯、朱薯、金薯、红山药、红薯等。在植物学上属于旋花科越年蔓生草本植物,地下部分拥有圆形、椭圆形或纺锤形的块根,块根的形状、皮色和肉色因品种或土壤不同而异。叶片形状、颜色常因品种不同而异,也有时在同一植株上具有不同叶形,通常为宽卵形,叶柄长短不一,聚伞花序腋生,苞片小,披针形,开花习性随品种和生长条件而不同,蒴果卵形或扁圆形,种子一般为1~4粒,通常2粒,且无毛。

相较于中国传统粮食作物及美洲粮食作物,番薯具有更高的产量,"每一本可植二三亩,每亩可得薯一二车,以代粒,足果百人腹"。同时番薯也具有很强的适应性,能够在其他粮食作物无法种植的沙地、山地丘陵地带生长,"番薯,万历中闽人得之外国。瘠土砂砾之地,皆可以种"。史志宏(2012)认为清代番薯等美洲作物的推广种植对全国耕地面积的增加具有重要作用。当然,番薯最为人看重的是它对自然灾害强大的抵御能力,"不穗而实,雨不能损,深培而结,旱不能侵,风狂而藤惟贴地,蝗过而叶可复萌"。在灾荒年间,番薯往往成为广大农民赖以生存的救命粮食。明代农学家徐光启更是直称番薯是"农人之家不可一岁不种"的重要作物。

番薯原产于中南美洲的秘鲁、厄瓜多尔、墨西哥一带,在哥伦布发现新大陆后,逐渐被西班牙的开拓者们带往欧洲,其后番薯沿着海上陆地商路不断向亚洲地区传播,大约在明代万历年后期开始传入中国。

第二节 番薯的引入路径

关于番薯传入中国的线路和时间向来是众说纷纭，一时难有定论。但总体而言，主要通过3条路径传入中国（何炳棣，1979；曹玲，2003）。

一是由陈益自越南引入。根据各地的县志及族谱记载，广东东莞人陈益在万历八年渡海到达安南，也就是今天的越南一带，从当地土著手中获得番薯种。陈益于万历十年夏返回家乡，将番薯栽植于当地的花坞。之后在其祖父陈志敬墓右方买地35亩雇工植薯，"嗣是种播天南，佐粒食"。到了明末清初，东莞已经成为广东省盛产番薯的乡村了，珠江三角洲一带也开始普遍种植番薯。从年代上来看，陈益的确是中国最早引进番薯的人。陈益由安南地区带回番薯种子回国，则是中国引进番薯的最早路线，但是它的传播范围过于狭小，影响力并不是很大。

二是由外国商船经南澳岛传入泉州。根据《番薯颂》和《泉州府志》的记载，番薯传入泉州是在明代万历年间，由泉州的洋船经漳州、潮州间的南澳岛，把番薯种带入泉州，先在晋江安海的灵水乡试栽，经过2~3年的种植后，逐渐传播到了周围的乡村。万历二十二年（1594年），正值泉州发生大饥荒，当地粮食价格暴涨，但是由于种植番薯获得丰收，泉州乡民依靠番薯来度荒活命，人民因此为番薯歌功颂德。

三是陈振龙由菲律宾引入。福建人陈振龙在万历早年经商途经吕宋岛时，"目睹彼地土产，朱薯被野"。于万历二十一年五月中，"以利得其藤数尺"，乘船在海上航行了七天七夜，于同年五月下旬抵达福建厦门。六月初一，陈振龙的儿子陈经纶向当时的福建巡抚金学曾献出番薯藤种法及《献薯藤种法禀帖》。十一月试栽成功，第二年收到救荒效果。于是金巡抚下令推广种植，番薯就此在中国大地上开始普遍传播起来。陈振龙一家数代人及巡抚金学曾在中国番薯的引种、推广和种植等方面做出了巨大的贡献。因此后人在福州乌石山建立了"先薯祠"，以纪念他们的功绩。由此可见，在这3条传入的路线中，陈振龙的引种和传播影响最大、传播范围最广。

第三节 番薯的传播过程

番薯在万历年间传入中国后仅局限于闽、粤两地一带种植，在 17 世纪后期开始向江西、浙江及湖南各省拓展，18 世纪向黄河流域以北发展，最终遍植全国（何炳棣，1979；周源和，1983；曹树基，1988；曹玲，2003）。

一、番薯在东南地区的传播

明末广东东莞一带是番薯的著名产区，清初广州府各县也多将番薯作为水稻的轮作作物之一。到了清中后期，番薯的种植已经是遍布全广东省。番薯的救荒作用尤为重要，饥荒年头米价昂贵之时，人民多赖此活命。康熙年间，阳春县"（番薯）今则土人多种之，以备荒"。根据清代吴震方所著的《岭南杂记》记载，康熙三十八年，"粤中米价踊贵，赖此以活。有切碎晒干为粮者，有制为粉如蕨粉、藕粉者"。番薯作为粮食又同时兼备救荒的巨大功用。道光六年的《电白县志》记载，"（番薯）贫者以代粮，赖以备旱"。到清代的光绪年间整个广东已经是"粤中处处种之"，各地"乡人多种以充粮食"。清代还不断有新品种自海外传入。到了清代末期，广东番薯历经数百年的发展已经有了不少的新品种，成为当地非常重要的粮食作物。

福建最早引种番薯，也是番薯种植最广的省份之一。和广东类似，在明代晚期，番薯就已经成为当地人民的重要粮食来源之一。明代万历四十年的《泉州府志》记载："番薯，种出岛夷，蔓多结根，一亩地有数十石之获，比土薯省力而获多，贫者赖以充腹。"番薯在传入之初，"番薯亦天启时番邦载来，泉入学种，初时富者请客，食盒装数片以为奇品"，到清顺治时"福、兴、泉、漳遍处皆种，物多价贱，三餐当饭而食，小民赖之"，番薯也逐渐成为平民的日常食物之一。

清代初期，浙江省的番薯种植还比较稀少。康熙初年，陈家曾在浙江一带引种，"康熙初年，元先大人客于鄞县"，见当地"多旷土""阴栽种""地迩斥卤及诸硗确"，陈家将番薯由福建传入浙江，"教其土人如法布种，初犹疑与土宜不协，经秋成卵，大逾闽地"，但是这次引种效果直到乾隆年间才逐渐地表现出来，"今明越诸郡多于山中种之"。乾隆前期，番薯主要集中在浙江沿海的温州、台州、宁波等府，后渐至其他地区。浙江除杭嘉湖平原和浙东宁绍平原外，多为山地、丘陵地带。乾嘉之后受外省流民的影响，山地的番薯种植增多。嘉庆初期，浙江各山邑，"旧有外省游民搭棚开垦，种植包芦、靛青、番薯诸物，以致流民日聚，棚厂满山相望"。

二、番薯在西南地区的传播

番薯由闽粤地区的流民传播到西南的各个省份。贵州地区番薯发展缓慢，一直到清后期在一些山区州县才有所种植。贵州的番薯于乾隆年间自广东引种，并由各地政府官员大力推广种植。这段历史在县志中有记载，乾隆十七年《开泰县志》记载："（红薯）出海上，粤西船通古州，带有此种。训导陈（文政）欲兴此也，详悉禀藩宪温，道宪朱，通行贵州一十二府。"

云南的番薯可能是在清初由闽粤流民带来的，番薯在云南的传播并不十分快，各地方志中的记载也并不多。番薯在云南的方志中一般都是作为蔬类记载的，一直只是作为辅助食物存在。玉米在云南的种植更为普遍，而且马铃薯的传入更受百姓的重视，这使得番薯生产长期徘徊不前。直至清末，番薯种植情况仍无起色。

番薯大约在乾隆年间传播到了四川，"万历间闽中始有之，今遍宇内。邻邑所种甚广"。四川地区番薯发展迅速，全省普遍种植，番薯成为川渝地区重要的粮食作物。

三、番薯在中南地区的传播

番薯约于清初传入中南各省，并于乾隆年间迅速发展，在各省山区成为重要的粮食作物。其中，湖南在清代早期就已经有了番薯的种植，只是在范围上极其有限。湖南的番薯主要来自闽、粤两地。乾隆年间，闽粤移民带来番薯，也有一些政府官员积极提倡，一些州县开始积极推广番薯的种植。嘉道年间，番薯在全省范围传播开来。岳州府最初只有平江县种植番薯较多，"岳属旧惟平江山中广福客民多种之"。到了嘉庆时，番薯在巴陵县发展很快，"近邑中植者甚多，赖以佐食"。番薯的种植遍及湖南全省，其中洞庭湖平原和湘东南山区番薯的地位尤其重要。

由于受鄂东产稻米、鄂西产玉米的限制，湖北地区番薯的推广速度并不如湖南一样迅速，一直到了道光年间才逐渐开始向湖北全省各地发展。各地农民大多将番薯作为救荒作物，《枝江县志》记载："甘薯，邑后乡山地多产之，荒年藉以活者甚众。"番薯发展到清末，湖北省已经是"遍地种之……人以为粮"，尤其在鄂西南、鄂东南山区一带最为集中。

番薯传入江西赣南的时间约在明末清初，是由垦山的闽粤流民带来的，此时番薯种植不多，仅作为粮食不足之补充或救荒之物。乾隆年间番薯开始推广种植，后来发展到遍植于整个江西的山地地区。

四、番薯在中原地区的传播

河南引种番薯较早，豫西伏牛山区的汝州在乾隆初年就开始了番薯的引种。后来，番薯被逐渐推广到中、北部各州县，乾隆八年河南的鲁山县遍种番薯"今已蔓延鲁邑矣"，乾隆十年洛阳县"近种红薯亦佳"。刚开始和其他地区一样，番薯主要还是作为备荒作物而引种，到了后来"农多种麦、藏、番薯……"，番薯已经成为"可当米谷"的重要粮食作物了。

在乾隆年间，番薯由福建传入山东。首先在威海卫、胶州等沿海和运河沿线等交通较为发达的州县种植。这时期，陈振龙后代陈世元父子为山东引种和推广番薯做出了杰出的贡献。番薯不仅荒年可赖以济荒，在山东的费县"同治六年荒歉，人赖全活"。在普通百姓家中地位也是"几与五谷同其珍重，谚曰：田家饭菜一半"。同时，番薯的种植范围较以往也扩大了很多，已经成为当地的重要粮食作物，"甘薯即地瓜，种者极多，贫民以为粮"。山东中南部为低山丘陵区，因此番薯的种植也较多。

五、番薯在西北各省的传播

在乾隆年间，陈宏谋开始在陕西积极推广种植番薯，个别的州县也开始发展番薯种植。但由于受传统农业种植结构的制约，番薯在整个陕西省的发展进程十分缓慢，并没有成为当地重要的粮食作物。同样，甘肃、青海等省番薯的种植传播都很晚。

第四节　本章小结

清代社会无论是前中期小农经济下的封建专制社会，还是后期沦落为的半殖民地半封建社会，其经济发展依然是以农业经济为主，因此整个社会依旧为马尔萨斯定律所制约。根据马尔萨斯的理论，在不受其他条件限制的状况下，人类由于自身的繁殖需求，整个社会的人口数量将会达到当时社会所能容忍的人口容量的边界上。而在古代农业社会，决定当时人口容量上限的最主要因素就是当时粮食作物产量。而决定当时粮食产量最主要的因素就是技术的改革和气候的变化。当技术出现革新，如新的耕作技术的出现、农器的耕作效率得到提高甚至是引入了新的高产作物等，农业产量就会上升。在整体自然环境条件较差、洪涝干旱灾害频发的年景，如果缺乏良好的抗灾能力，农业的实际产量就会严重下降。此时，粮食相对于人口而言就显得极为稀缺，人口压力将随之显现出来。在巨大的人口压力之下，人们为了争夺本就不多的粮食资源，发生冲突的概率就会增加，战争就更容易爆发，人口会进一步下降，整个社会也就掉入了"马尔萨斯陷阱"之中（蔡昉，2013）。过大的人口规模一旦超过当时社会的承载力时，冲突发生的概率将会提高，从而导致人口快速下降（Chu et al.，1994），进而影响社会经济发展。

明清时期，以番薯为代表的美洲粮食作物逐渐传入中国各地。清代乾嘉时期，番薯种植得到了迅速推广。而到了清代末年，番薯已经成为全国上下重要的粮食作物。番薯引入可以看作农业生产中出现的技术革新，中国的耕地面积较前代增加了许多（史志宏，2012）。由于番薯引入，过去许多无法开垦的荒山、沙地甚至盐碱地都得到了最大化利用，清代粮食平均亩产比明代增加了约 8.5 kg（赵冈，2002）。根据马尔萨斯定律，粮食产量的增加可以提高整个社会的人口容量，可以说番薯引入的直接效应就是粮食增产，而粮食增产可以促进人口增长（葛光曜，2014）。李园（2011）在考察番薯引入对山东的影响时认为，番薯在山东的传播弥补了人口增长所需要的粮食缺口，为人口增长和经济发展创造了可能。

番薯具有抗旱耐涝的特性，并且在山地丘陵、盐碱沙地均可种植。这种相较于传统粮食作物更为强大的环境适应力，使得番薯在荒年来到时可以成为百姓度荒的救命粮食，具有在灾荒年份中促进社会稳定的天然作用，从而降低战争爆发的风险，有利于抑制由于战争造成的人口数量的下降（Jia，2014）。赵圣涛（2010）在研究乾隆后期河南番薯引入和当地赈灾状况时认为，清政府在河南大力推广番薯种植，效果非常显著，对民众的生产生活产生了深远影响，也降低了当地出现民变的风险。

此外，番薯引入还可能会促进商品粮市场的发展与繁荣。农民为了追求更多的经济利益，选择番薯作为口粮，而将大米、小麦等传统粮食作物作为商品出售。也就是说，番薯可能在一定程度上起到了增加市场上大米、小麦的供给量及抑制粮食价格上涨的作用（史志宏，2012）。番薯引入还可能间接地促进了清代手工业与商业的繁荣，使得经济快速增长。总体而言，番薯这种高产的粮食作物不仅在人们饮食生活中发挥了重要作用，还对中国农业生产和社会经济发展起到了一定的促进作用。

第二章　番薯引入与人口增长

第一节　引　言

　　公元1644年，清军从山海关长驱直入一举攻克京师，开始了对全中国的统治。在发动统一全中国的战争中，清军也造成了许多地区田地荒芜、人口锐减。而且由于入主中原时间不长，清代统治者制定了一些诸如《圈地令》《投充法》等一系列容易激化民族矛盾的政策，所以当时整个社会的生产水平较前代出现了大幅的倒退。但是在一些汉族大臣的建议下，清代统治者迅速调整了政策，开始大力鼓励社会生产，刺激人口增长。

　　清代在刚刚定鼎中原之时，人口确实出现了快速的增长，但这种人口的增长更多的是属于恢复性的，这在中国历史上其他王朝初定时期屡见不鲜。但异于历史上的其他封建王朝，清代的人口在度过了初兴期之后并没有像其他封建王朝一样逐步下降，而是继续保持了一段高速增长期。明代中后期，全国人口大约在1.5亿左右。在历经明末农民战争、清军入关等一系列大规模战争之后，全国的人口尚不足1亿，大约7000万人上下。到了1691年，中国人口恢复到了1亿，1765年人口增至2亿，1791年人口突破3亿。1850年，清代人口达到了4.3亿，冠绝中国历代封建王朝，其人口增长速度之快不仅在中国历史上是绝无仅有的，就是在世界上也是极其罕见。此外，在清代的农业生产中，耕地面积不断扩大，废弃的荒田得到重新利用，同时许多新的土地得到开发；新的农器得到推广，种植技术、灌溉工程技术不断进步；农产品商业化日趋明显，经济作物的种植面积不断扩大。农业生产水平的不断提高促进了商业及手工业的发展。清代手工工场的规模、数量和产品总量都出现了快速的增长，手工业的发展也带动了商业的进步，商品经济的兴盛促进了城市经济的增长。

清代虽然推行了一系列有利于人口增长及经济恢复的政策，但这些政策大多是沿袭前代王朝，自身创新之处并不多。而且清代较前代，无论其疆域面积如何扩大，技术水平如何提升，其本质仍然是以小农经济为主的封建君主专制王朝，它的生产力及生产关系与前代王朝相比并无质上的改变。那么，清代为什么会出现人口爆炸性增长？为什么其经济发展较之前代更加繁荣呢？

自哥伦布发现新大陆以来，人类社会相对隔绝的状态逐渐被打破，一场被后世称为"哥伦布交换"的运动首次将整个世界联系在一起。在这场大交换中，新旧大陆之间在农业、人口、文化及社会制度等方面进行了史无前例的大交流。尤其是番薯、玉米及马铃薯等美洲粮食作物的传入，对整个欧亚大陆产生了重大的影响。在17世纪的西方，随着"哥伦布交换"的不断深入，这场意义深远的运动重塑了欧洲的人口增长状态、生活方式及经济发展方式。可以说，由"哥伦布交换"所带来的美洲作物有力地促进了欧洲人口的增长及城市化率的提高，为日后工业革命的到来奠定了基础。

当然，西方并不是"哥伦布交换"唯一的受惠者，中国也在16世纪末（明代中后期）开始引入番薯、玉米等美洲粮食作物，随后这些粮食作物在中国开始缓慢地传播。到了明代末年，美洲粮食作物在个别地区已经有了一定的规模。但是明代末年大规模的社会动荡打断了美洲粮食作物在中国的进一步传播，而在清初由于战乱刚过、地广人稀，农民主要以恢复农业生产为主，加之农民先天的保守性，美洲粮食作物在新的王朝中并没有得到太大的重视。一直到了康熙朝后期，以番薯和玉米为代表的美洲粮食作物才在全国快速发展起来。

清代人口快速增长的150多年间，也是以番薯、玉米为代表的美洲粮食作物在中国逐渐推广种植的时期。随着番薯、玉米在全国各地传播，清代的人口数量突破了一个又一个大关，那么清代人口的快速增长与这些美洲粮食作物的引入是否存在一定的关系？如果美洲粮食作物确实推动了清代人口爆炸性的增长，那么美洲粮食作物又在这轮人口增长中贡献了多少？美洲粮食作物传入欧洲，推动了欧洲城市化的不断提高，人均收入水平较中世纪也有了大幅的提升，生活水平质量也得到了不断的改善。那么，几乎同时传入中国的美洲粮食作物有没有带动清代社会经济的发展？

为了探究美洲粮食作物与清代人口增长之间的关系，以番薯作为美洲粮食作物的代表,利用中国经济史学家及历史学家的有关历史记录,选取清代1724—1898年的省级面板数据,全面分析番薯引入对清代人口增长的影响。研究不仅有利于我们理解和把握中西方社会经济发展变化及其差异,探寻中西方经济发展历史上出现的"大分流"现象及二者走上不同历史道路的原因,还有利于为国内学者研究历史人口问题提供研究方法上的借鉴,丰富现有关于美洲作物引入与人口增长及经济发展的系列研究。

第二节 文献综述

人口增长问题一直是学界关注的重点。特别是人类历史上美洲作物引入、耕地面积变化等因素的作用,不仅促进了农业生产,刺激了人口增长,同时也对地区间社会经济发展产生了巨大的影响。

为了考察美洲作物引入对人口增长的影响,Mokyr 和 Joel(1981)最先定量研究了马铃薯的传入对欧洲的影响,研究结果发现,马铃薯的传入促进了爱尔兰的人口增长,但马铃薯的广泛种植也减少了爱尔兰粮食作物的多样性,为日后爱尔兰大饥荒的爆发埋下了祸根。Nunn 和 Qian(2010)采用长时段、国家层面的数据讨论了马铃薯对旧大陆人口增长的影响,研究发现18世纪和19世纪旧大陆人口增长的25%要归功于马铃薯。Jia(2014)搜集了中国明清时期的267个府级数据,考察了500年间番薯引入情况,结果显示番薯引入发挥了社会稳定器的作用,有助于防止社会出现大规模的动荡,从而保障人口增长。Chen 和 Kung(2016)采用清代府一级的面板数据考察玉米引入对中国人口增长的影响,研究得出,1776—1910年,中国人口增长的19%要归功于玉米。陈永伟等(2014)利用长期面板数据进行研究,结果显示玉米引种早期有利于人口增长,但到后来由于种植玉米导致生态恶化反而会对人口增长产生不利的影响。

关于政策变化对人口增长的影响,陈辉(2008)认为清初统治者对生产关系的重大调整和推行的政治经济措施,为人口增长提供了必要的政治保障,他发现由于推行"地丁合一"的政策,再加上清代统治者把人口增长的快慢视为考核地方官政绩的一个标准,这些政策自然对人口增长起到了促进作用,这样下来,清代前中期人口年均增长率,最高时甚至可以达到4.03%。葛光曜等(2014)也认为清前期推行"摊丁入亩"政策取消了对人头的征税，大大放松了对底层农民的限制，有益于人口增长。但学界内也有不同的意见，曹树基（2001）认为对于清代人口统计口径的理解错误，使得清代统治者的能力被高估了，他认为明代就已经为后世奠定了庞大的人口基数。郭松义（2009）也认为"摊丁入亩"政策只是将以往隐匿的人口暴露出来，算不得真正的人口增长，清代人口增长的原因主要得益于3个方面的政策：一是对零星田土的开垦永免征收赋粮，这就鼓励农民拓荒开垦以增加耕地面积；二是加大了对农田水利的建设，在江苏等4个省份，光是新修的水利设施就灌溉了600万~700万亩农田；三是制度化的赈灾救荒及豁减田赋，康乾时代对省级范围的田赋减免达到了119次，而府级的减免则有91次，这不仅降低了农民负担，还有效地防止了民变，保证了人口增长。

关于耕地面积变化与人口增长，方行（1997）认为清代推广多熟复种制度，各地复种指数不断提高，使得粮食播种面积实际上超过了耕地面积，大大缓和了人口压力和耕地面积之间的矛盾。骆毅（1998）估算出了清代各时期的全国人口，并依据增长速度将其分为两个阶段，他认为1750年之前人口的快速增长主要是由耕地面积的扩大引起的。史志宏（2012；2015）认为，清代对边疆地区的开垦及对各省山地丘陵地区的开发对清代耕地面积的扩大有着至关重要的作用，他依据明清两代官方的统计数据，合理估算出了明后期与清前期的全国耕地面积，发现较明代，清代前期的耕地面积增加了64%，这对清代粮食的增产乃至养活更多的人口至关重要。拥有更加广大的耕地面积，是清代人口较明代有一个大发展的重要原因。

战争频率是影响人口增长的重要因素，其对人口增长的影响绝对不容忽视。Voigtländer 和 Voth（2013）考察了战争、黑死病、城市化对死亡率及工资率的影响，并据此探讨资本主义在欧洲兴起的原因，研究结果显示，战争对人口增长及经济发展具有重要影响。Gennaioli 和 Voth（2015）比较了14—18世纪欧洲与中国的战争次数，发现在这432年里中国只有92年处于战争中，仅占总年数的20%左右，远远低于欧洲80%~90%的水平，较高的战争频率必然导致较高的死亡率，清代前中期内敌外患较少，空前的政治统一与社会稳定为清代人口增长提供了必要的条件。陈强（2015）为了定量研究农民起义的影响，构建了一个特殊的长期王朝面板数据，通过研究发现，封建王朝延续的时间越长，统治者对全国的掌控力度越低，农民起义发生的概率就更高，当王朝生命接近终止时人口数量大多会有不同程度的下降。

为了分析自然灾害对人口增长的影响,Chen(2011)采用1500—1900年中国府级面板数据进行研究,结果发现严重水灾会在一定程度上影响人口增长。Kung 和 Ma(2014)选取清代山东省为研究对象,经过计量分析发现,农业经济崩溃导致的严重饥荒会对人口的增长产生负面影响,而儒家思想的广泛传播在一定程度上削弱了这种影响。Jia(2014)采用1470—1900年中国府级面板数据进行研究,结果发现严重旱灾也可能会对人口造成影响,而美洲作物的引进,特别是抗旱红薯的引进,可以减弱严重干旱的不良作用。赵冈(1995)对清代垦殖政策与棚民活动进行研究,认为山地被毁、土地贫瘠和水土流失造成的洪涝频发等自然灾害是导致清后期粮食亩产下降的一个重要原因,而粮食亩产下降使得全国能够供养的人口也同样减少了。

此外,清代大规模的人口迁移也会对人口增长产生较大的影响。曹树基(2001)认为,与美洲作物一样,清代大规模的移民也促进了人口的增长,他估计在清代早期的"湖广填四川"等大规模移民活动中,四川、云南、江西及贵州等省份一共接受了约1129万移民,这些移民将新的耕作技术及新作物带入上述省份,当地破败凋零的农业经济得以迅速恢复,人口快速增长。清末也发生过类似的大规模迁徙,由于内地巨大的人口压力及频繁的饥荒,不少内地居民涌向边疆。葛剑雄和安介生(2010)认为,在清廷放弃了禁垦东北及蒙古的政令,有利于扩大耕地面积,增加偏远地区人口。但移民迁徙对人口增长的影响并不总是积极的,蓝勇(2001)认为,移民虽然为地区开发做出了不可忽视的贡献,但也对当地生态环境造成了一定影响。

需要指出的是,尽管目前对历史上人口增长问题的研究已经很多,但已有文献却大多属于定性分析,就算涉及定量研究,也只是对个别社会现象的讨论。此外,目前关于美洲粮食作物引入与清代人口增长的研究主要集中于考察马铃薯和玉米的引入,虽然今日番薯在中国的地位远不及玉米、马铃薯,但在天灾人祸频发的清代,则是必不可少的救命粮食,而有关番薯引入的作用,我们还知之甚少。

第三节　样本与数据

一、样本选择

参考多个数据来源，以及通过地方方志、史书等收集整理一批数据，构成了本章所需要的1724—1898年的省级面板数据。此外，选取了关内17个省作为研究对象，自从康熙朝后期清代疆域的变化大多发生于边疆地区。例如，雍正年间清代重新将青海纳入版图，乾隆年间清代统治者消灭准噶尔，新疆被纳入清代版图等，这些疆土的变化不会影响分析结果。而关内17省的省界除了康熙年间出现的江南省拆分为江苏和安徽、湖广省拆分为湖南和湖北等，并无太大变化。

二、数据介绍

（一）人口密度

1712年，康熙皇帝以"盛世滋生人丁，永不加赋"为由，将千年来按照人口数量收取的人头税固定了下来。接着在雍正二年（1724），全国开始全面推行"摊丁入亩"政策，进一步取消了人头税，但由此也导致全国人口出现了一个较大的突然性增长，这种增长可以说大部分是由国家税收政策变更导致的（王瑞平，2001）。为了剔除这种影响，选取1724—1898年的人口数据，再除以清代各省份面积得到分省的人口密度数据。相较于其他数据指标，人口密度可以更好地反映一个地区的人口压力。

人口数据主要来自于《中国人口史》（赵文林等，1988），这一数据的可靠性已被国内外许多学者所认可，如Turchin（2003）、Lee等（2008）及陈强（2015）。但是关于清代人口的具体数量，各学者之间的意见并不统一。为了更加准确可靠地反映番薯对清代人口密度的影响，我们也同时交叉参考了曹树基（2001）、梁方仲（1980）等学者的历史人口数据成果。而且所选取的人口资料中，赵文林和谢淑君（1988）已经根据地区的变化做出了一定的人口数据调整，因而清代疆土的变化不会影响人口密度数据的可靠性。图2-1显示了明清时期人口密度的大致变化。

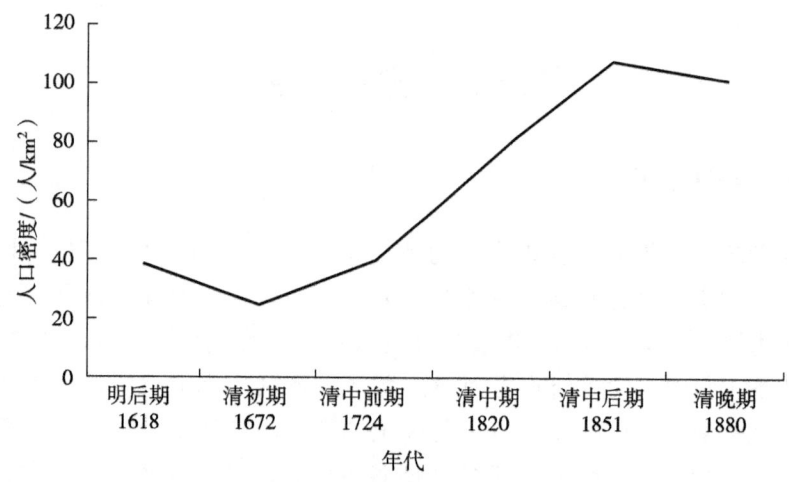

图 2-1 明清时期人口密度变化

(二) 番薯引入

先后参考了何炳棣 (1979)、陈树平 (1980) 等国际国内农业史学者的文献，同时翻阅《清史资料》中与之相关的一些内容，整理出了番薯引入各省的大致时间。各省关于番薯引入的最早记载如表 2-1 所示。

表 2-1 各省关于番薯引入的最早记载

省份	年代	资料来源	省份	年代	资料来源
河北	乾隆十五年 (1750)	《顺天府志》	江西	乾隆五十四年 (1789)	《江西通志》
河南	乾隆二十一年 (1756)	《洛阳县志》	湖北	乾隆二十八年 (1763)	《荆州府志》
山东	乾隆十四年 (1749)	《金薯传习录》	湖南	嘉庆二十五年 (1820)	《浏阳县志》
山西	道光十年 (1830)	《大同县志》	云南	嘉庆二十二年 (1817)	《大理府志》
陕西	乾隆十年 (1745)	《咸阳县志》	贵州	道光三十年 (1850)	《遵义府志》
甘肃	宣统元年 (1909)	《甘肃新通志》	四川	雍正十一年 (1733)	《华阳县志》
江苏	乾隆二十五年 (1760)	《崇明县志》	广西	嘉庆五年 (1800)	《柳州府志》
安徽	道光七年 (1827)	《安徽通志》	广东	崇祯二年 (1629)	《番禺县志》
浙江	康熙二十二年 (1683)	《永嘉县志》	福建	万历四十年 (1612)	《古田县志》

资料来源：何炳棣 (1979) 和陈树平 (1980)。

对于番薯引入的情况而言，最理想的解释变量应该是各省的番薯种植强度、面积或者首次种植的确切时间，但是限于历史资料记载不完善，所需要的各省番薯的种植强度、种植面积及确切的引种年份均无法获知。退而求其次，参考陈永伟等（2014）利用当地的"玉米种植时间"来表示当地的玉米种植强度，使用了"番薯种植时间"来代表各省番薯引入状况。

引入解释变量"番薯引入"（SW）来代表番薯各时期在各省的引种情况。"番薯引入"定义如下：

$SW = (Year - Initial\ Year)/100$ (if $Year \geq Initial\ Year$)
$SW = 0$ (if $Year < Initial\ Year$)

其中，Year 是当前年份，Initial Year 是最早引种番薯的年份。"最早引种番薯的年份"的信息来自清代各省方志。由于无法知道各省确切的番薯引入时间，所以以方志中首次提及番薯这种作物的时间点为最早引种时间。例如，《江西通志》在乾隆五十四年（1789 年）第一次描述了番薯这种作物，那么就记江西省引入番薯的年份为 1789 年。

（三）战争

战争对古代社会经济具有重大影响。以往的历史研究表明，在历经大规模持久的战争后，中国的人口一般都会出现大幅下降。例如，明代中后期中国人口一度达到 1.5 亿，在经过明末农民起义及清军入关等一系列战争的影响下，中国的人口在清初的顺治年间甚至不到 1 亿（曹树基，2001）。采用是否发生战争、战争发生的频率和战争烈度（战争的延续时长）3 个指标来进行衡量。其中，战争的延续时长以月为单位，持续一个月的记为 1，不足一个月的按 1 计。例如，1770 年 1—5 月，贵州爆发苗族起义，当年贵州省的战争烈度就记为 5；1796—1804 年湖北发生白莲教起义，那么在 1804 年当年，白莲教起义给湖北带来的战争烈度为 108。

所采用的战争数据选自《中国历代战争年表》（中国军事史编写组，2003），该书详细记录了从上古时代至清末辛亥革命期间所有大小战争，包括对战双方、战争发生地、兵力布置及战事基本经过等。为了避免有所缺漏，同时参考《中国历史大事年表》（沈起炜，2001）作为补充。当然，书中一些关于革命党人的战斗已经属于资产阶级革命，与古代传统的战争有着本质区别，所以这些战争被排除在外。

（四）耕地面积

作为农民们最为基本的生产资料，土地是决定农业发展的关键要素，因而以各省的耕地面积来衡量农业发展程度。由于各省在 1724—1898 年每年耕地面积的具体数据无法获取,所以只好抽取 12 个时间点上的耕地面积来代表 1724—1898 年的各省耕地面积。数据选取自梁方仲的《中国历代户口、田地、田赋统计》,又因为各个省的地理、气候条件等因素各不相同,所以不同省份的耕地面积差异很大。为了更好地反应各省耕地面积的变化,参考葛全胜等(2003)学者的做法,使用"耕地面积指数"这一指标来代表各省的农业发展状况。

(五) 自然灾害

封建时期的农业生产完全是"靠天吃饭",大规模的自然灾害不仅破坏当地的农业经济,同时还会对地区人口有着不利的影响。一般而言,自然灾害对人口的影响可以分为两种(李伯重,1999),一种是直接减少人口的自然灾害,如水灾、瘟疫、地震等;另一种是间接负面影响人口增长的自然灾害,如旱灾、蝗灾、冰雹等,它们会直接破坏农业生产,进而导致饥荒。根据闵宗殿(2001)的研究,将清代所发生的自然灾害共分为 13 个大类,其中水灾和旱灾发生次数加起来占到清代全部自然灾害发生总数的 69.4%,是当时对人口以及农业生产影响最大的两种灾害,所以采用水灾和旱灾的发生来代表自然灾害。如果当年一省发生了旱灾则记为 1,否则记为 0,水灾也同理。自然灾害数据主要选自于李向军的《清代荒政研究》一书,他以清代官方档案以及各省市地方志为依据,详细整理出了清代省级的自然灾害发生次数,同时也参考陈高傭的《中国历代天灾人祸表》及张波等的《中国农业自然灾害史料集》等相关资料。图 2 - 2 和图 2 - 3 显示了清代顺治至光绪时期自然灾害发生状况。

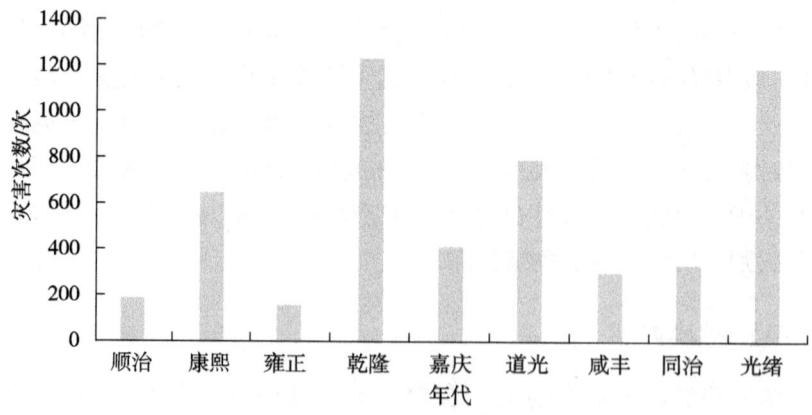

图 2 - 2 清代灾害发生次数

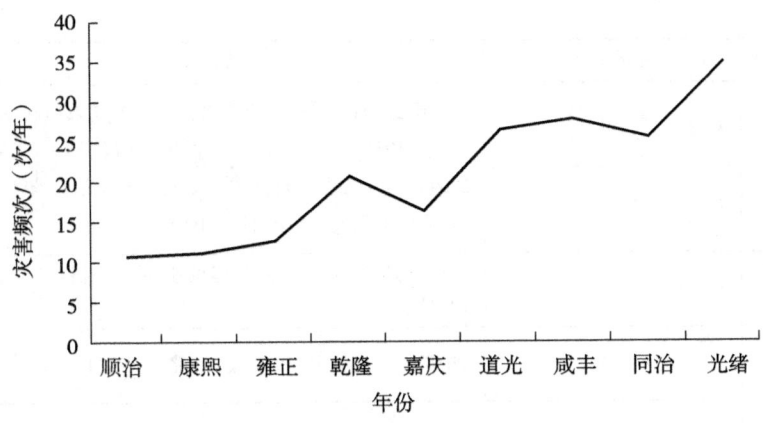

图2-3 清代灾害的发生频率

（六）政策作用

政策也会在一定程度上影响人口增长、战争发生及经济发展。例如，清代自施行"摊丁入亩"及改土归流政策后，农民的负担较以前有了一定程度的减轻，这就为人口增长和经济发展提供了良好的社会环境。同时，税赋程度也在一定程度上影响着社会经济，古人说苛政猛于虎，而古代最大的苛政莫过于过重的赋税。历史上，各个王朝均会采用轻徭薄赋的政策来促进生产、刺激人口增长和发展经济。关于改土归流政策实施的相关数据来源于《清实录》。主要变量及其数据来源如表2-2所示。

表2-2 主要变量及其数据来源

主要变量	变量定义	数据来源
人口密度	单位面积上的人口数量（人/km²）	《中国人口史》（赵文林等，1988）；《中国人口史 第五卷（清时期）》（曹树基，2001）；《清代人口统计制度与1741—1851年间的中国人口》（姜涛，1990）
番薯引入	（当前年份 - 最初引入年份）/100	《美洲作物的引进、传播及其对中国粮食生产的影响》（何炳棣，1979）；《玉米和番薯在中国传播情况研究》（陈树平，1980）
战争频次	战争发生的频次（次）	《中国历代战争年表》（中国军事史编写组，2003）；《中国历史大事年表》（沈起炜，2001）；《中国历代天灾人祸表》（陈高佣，2007）
战争烈度	战争持续的时间长短（月）	
耕地面积指数	当年耕地面积/1820年耕地面积×100	《中国历代户口、田地、田赋统计》（梁方仲，1980）；《清代前期的耕地面积及粮食产量估计》（史志宏，1989）

续表

主要变量	变量定义	数据来源
是否发生干旱	是=1，否=0	《中国近五百年旱涝分布图集》（中央气象局气象科学研究院，1981）；《中国灾害通史·清代卷》（朱凤祥，2009）；《中国农业自然灾害史料集》（张波 等，1994）；《清代荒政研究》（李向军，1995）
是否发生水灾	是=1，否=0	
是否引种玉米	是=1，否=0	《从方志记载看玉米在我国的引进和传播》（咸金山，1988）
政府是否救灾	是=1，否=0	《中国农业自然灾害史料集》（张波 等，1994）
是否改土归流	是=1，否=0	《清实录》影印本（中华书局，1987）
赋税水平	单位为分/亩	《中国历代户口、田地、田赋统计》（梁方仲，1980）
经纬度	以各省省会的经纬度代表该省	"国家地理信息系统"

三、主要变量描述性统计

主要变量描述性统计如表 2-3 所示。

表 2-3 主要变量的描述性统计

主要变量	观测数	均值	标准差
人口密度 $Popden$	1411	114.73	86.36
番薯引入 SW	1411	1.152	0.91
战争频率 War	1411	0.05	0.24
战争烈度 $War1$	1411	9.71	21.47
耕地面积指数 $FLand$	1411	107.51	105.23
是否发生干旱 $Drought$	1411	0.68	0.46
是否发生水灾 $Flood$	1411	0.47	0.49
是否引种玉米 $Maize$	1411	0.28	0.45
政府是否救灾 $Relief$	1411	0.21	0.43
是否改土归流 $Policy$	1411	0.22	0.41
赋税水平 Tax	1411	2.38	2.35
经度 $Longitude$	1411	116.87	5.71
纬度 $Latitude$	1411	30.49	5.03

第四节 实证分析

一、基本计量模型的建立

为了检验番薯引入是否显著影响了清代人口增长,设置如下回归方程:

$$\ln Popden_{it} = \alpha SW_{it} + \beta X_{it} + \theta_i + \theta_t + \varepsilon_{it}。$$

其中,$Popden_{it}$ 是 i 省在年度 t 时期的人口密度。SW_{it} 表示 i 省到 t 年为止的"番薯引入时间"(年)。X_{it} 表示一系列控制变量,如战争频率、耕地面积指数、是否发生旱灾、是否发生水灾、是否引种玉米、赋税水平及经度和纬度等。θ_i 和 θ_t 分别刻画了地区和时间的固定效应,ε_{it} 是误差项。α 和 β 是待估计的参数。分别对上述方程使用 OLS、面板数据固定效应模型和随机效应模型进行估计。

二、基准回归结果

表 2-4 汇报了基准回归结果,无论是使用 OLS 回归的组(Ⅰ),还是使用了固定效应模型的组(Ⅱ)及使用了随机效应模型的组(Ⅲ),解释变量"番薯引入"(SW)的系数均在 1% 的水平上显著为正,表明番薯引入对于清代人口增长具有正向推动作用。同时各组中的一系列控制变量的系数符号都较符合上文的推断。在回归方程中,战争的系数显著为负,表明战争会使人口密度下降。耕地面积增长对人口密度的影响同样显著为正。在自然灾害方面,旱灾的发生对人口密度的影响显著为负,但是水灾的系数却并不显著,夏明方(2010)认为相较于水灾,旱灾的波及范围更广而且持续时间更长,并且旱灾的发生所导致的农业生产萧条很有可能会引起民变,即旱灾可以通过诱发战争来对人口增长起到负面作用。而作为被引入中国的另一大美洲粮食作物,玉米对于推动清代人口的增长起到了更大的作用,这也与 Chen 和 Kung(2016)的研究结论相符合。

表 2-4 基准回归结果

	Popden (ln)				
	(Ⅰ) OLS	(Ⅱ) FE	(Ⅲ) RE	(Ⅳ) 2SLS	(Ⅴ) Dummy
SW	0.161*** (0.032)	0.167*** (0.033)	0.164*** (0.033)	0.224* (0.12)	0.09** (0.038)
War	-0.031*** (0.005)	-0.031*** (0.005)	-0.031*** (0.006)	-0.028*** (0.005)	-0.021* (0.012)
$FLand$	0.228*** (0.039)	0.228*** (0.039)	0.232*** (0.039)	0.297*** (0.05)	0.311*** (0.05)
$Drought$	-0.041*** (0.006)	-0.039*** (0.005)	-0.026*** (0.006)	-0.035*** (0.061)	-0.021*** (0.067)
$Flood$	-0.015 (0.041)	-0.029 (0.057)	-0.018 (0.052)	-0.361 (0.745)	-0.123 (0.083)
$Maize$	0.317*** (0.051)	0.241*** (0.048)	0.295*** (0.056)	0.248*** (0.042)	0.159*** (0.051)
$Latitude$	11.72*** (1.362)	11.64*** (1.515)	11.64*** (1.514)	12.23*** (1.637)	12.91*** (1.585)
$Longitude$	8.512 (5.862)	8.497 (5.929)	8.498 (5.984)	7.524 (5.325)	8.147 (5.621)
$Policy$	-0.004 (0.865)	-0.005 (0.791)	-0.005 (0.776)	-0.006 (0.783)	0.008 (0.652)
Tax	0.063 (0.216)	0.065 (0.231)	0.075 (0.248)	0.179 (0.229)	0.133 (0.119)
Province Fixed Effects	Yes	Yes	Yes	Yes	Yes
Period Fixed Effects	Yes	Yes	Yes	Yes	Yes
$Observations$	1411	1411	1411	1411	1411
R^2	0.32	0.35	0.36	0.21	0.48

注：*、**和***分别表示在10%、5%和1%的水平上显著，括号内数字为标准误。

为了避免出现遗漏变量的情况，加入了一系列可能会影响人口增长的因素，但还是难以确定番薯引入和人口密度变化之间的因果关系。例如，可能会有这样一种情况存在：某省已经面临着巨大的人口压力，于是该省决定引入番薯以缓解人口增长带来的粮食需求压力。即番薯在各省的播种状况是由当地的人口压力引致的，这种情况可能会使估计结果出现偏差。为了避免这种内生性问题所导致的估计偏差，采用番薯适种指数与各省丘陵面积占比的交互项作为番薯引入时间的工具变量。由于番薯自身强大的环境适应力，使得传统作物难以生长的丘陵地带也可以成为番薯种植的良好场地，所以越是多丘陵山地的省份就越有动力去引入番薯，并且山地丘陵属于自然地理因素，不受人口密度变化的影响。番薯的适种指数数据来源于联合国粮食及农业组织（FAO）的 Global Agro-ecological Zones Database。在第（Ⅳ）组报告了工具变量法的回归结果，其结果显著为正，即番薯引入导致了人口增长。

为了从不同角度观察番薯引入对人口增长的影响效果，在第（Ⅴ）组中，将解释变量"番薯引入"更换为虚拟变量"是否引入番薯"。回归结果显示解释变量在5%的水平上显著，这就说明无论解释变量如何变化，番薯引入确实对清代人口增长有显著影响。

在控制变量中，政策变量及税赋水平对人口增长的影响均不显著。骆毅（1998）认为清代实行的"摊丁入亩"政策只是税收制度的改革，取消的人头税让以前被藏匿的人口显露出来，并不算是人口的自然增长。而清代的改土归流则大多实行于西南边疆省份，这些地区人口本就稀少，再加上清代政府在推进改革的同时，经常使用暴力手段镇压反抗者，造成了当地人口的大量流失，多重因素导致改土归流的人口增长效果并不明显。

三、番薯引入对不同地形地区人口增长的影响

由于中国地域广大，各个省份的自然地理条件千差万别。为了更好地表现出引种番薯对不同省份的影响，依据各省的山地丘陵占比将所选取的17个省份分为两组。例如，贵州省的山地丘陵占比达到92.5%（大于50%），就把贵州省列为山地区；而江苏省的山地丘陵占比只有14.3%（小于50%），那就把江苏省列为平原地区。各省地理数据均来自于国家基础地理信息系统（NFGIS）。

表2-5的回归结果表明，在平原省份中，无论使用固定效应模型还是随机效应模型，解释变量"番薯引入"（SW）的系数只在10%的水平上显著。而在山地省份中，解释变量"番薯引入"（SW）的系数则在1%的水平上显著，这表明在平原区种植番薯对人口增长的贡献不如山地区。根据清

代的历史典籍记载,番薯具有对恶劣环境的强适应力,能够在传统粮食作物无法生长的山地丘陵地带种植。所以番薯一旦传入一些多山地、多丘陵的省份,必然会得到当地民众的欢迎,带来引种热潮。表2-5的结果正好验证了史书中的现象。

表2-5 番薯引入对不同地形地区人口增长的影响

	Popden (ln)			
	(Ⅰ) 平原 FE	(Ⅱ) 平原 RE	(Ⅲ) 山地 FE	(Ⅳ) 山地 RE
SW	0.094*	0.094*	0.223***	0.224***
	(0.048)	(0.049)	(0.033)	(0.033)
War	-0.042***	-0.038***	-0.027***	-0.024***
	(0.005)	(0.006)	(0.006)	(0.005)
FLand	0.124***	0.126***	0.232***	0.247***
	(0.041)	(0.041)	(0.039)	(0.041)
Drought	-0.041***	-0.039***	-0.022***	-0.025***
	(0.006)	(0.005)	(0.006)	(0.007)
Flood	-0.013	-0.019	-0.028	-0.041
	(0.041)	(0.047)	(0.062)	(0.065)
Maize	0.117***	0.121***	0.355***	0.348***
	(0.048)	(0.048)	(0.052)	(0.052)
Latitude	6.01**	6.53**	7.93*	8.54*
	(2.681)	(2.693)	(4.413)	(4.521)
Longitude	6.737	6.991	3.511	3.286
	(8.315)	(8.372)	(4.882)	(4.876)
Policy	-0.004	-0.005	-0.005	-0.006
	(0.865)	(0.791)	(0.776)	(0.783)
Tax	0.047	0.053	0.125	0.183
	(0.232)	(0.233)	(0.352)	(0.359)
Province Fixed Effects	Yes	Yes	Yes	Yes
Period Fixed Effects	Yes	Yes	Yes	Yes
Observations	664	664	747	747
R^2	0.36	0.36	0.41	0.42

注:*、**和***分别表示在10%、5%和1%的水平上显著,括号内数字为标准误。

四、番薯引入对不同时期人口增长的影响

为了更加详细具体地研究番薯引入对清代不同时期人口增长的影响，将原数据分为3个阶段，分别为清中前期、清中期和清后期。第一阶段为清中前期（1724—1776年），即从清代雍正初期至乾隆中期，这是番薯在中国个别省份具有一定规模的推广阶段；第二阶段为清中期（1776—1851年），即从乾隆中期至咸丰早期，此时番薯已经在全国范围内有了较大规模的推广；第三阶段为清后期（1851—1898年），该时期番薯已经成为各省人民必不可少的粮食作物了。

表2-6报告了番薯引入对不同时期人口增长的影响。FE和RE回归中，解释变量"番薯引入"的系数在清中前期分别为0.115和0.117，且均在10%的统计水平上显著；到了清中期，"番薯引入"的系数分别为0.194和0.193，且均在1%的统计水平上显著；到了清后期，"番薯引入"的系数则分别为0.156和0.158，且均在5%的统计水平上显著。这表明，番薯对清代人口增长的影响经历了一个由小变大、再变小的过程。清中前期，由于番薯刚开始引种而且农民具有保守性，此时番薯引入对人口增长的作用有限，显著性也不是很高。到了清代中期，由于中央政府的大力推广及农民逐渐认识到了番薯的优良品质，番薯无论是在种植范围还是在种植强度上，都较之前期有了很大提高。这一时期，番薯引入对人口增长的影响最大，显著性水平也最高。在清代后期，随着番薯已经在全国范围内普及完毕，它对清代人口增长的作用也随之下降，此时番薯引入的显著水平较中期也有所下降。

表2-6 番薯引入对不同时期人口增长的影响

	$Popden$ (ln) 清中前期 (1724—1776)		$Popden$ (ln) 清中期 (1776—1851)		$Popden$ (ln) 清晚期 (1851—1898)	
	（Ⅰ）FE	（Ⅱ）RE	（Ⅲ）FE	（Ⅳ）RE	（Ⅴ）FE	（Ⅵ）RE
SW	0.115* (0.006)	0.117* (0.006)	0.194*** (0.033)	0.193*** (0.032)	0.156** (0.081)	0.158** (0.082)
War	-0.043*** (0.005)	-0.041*** (0.005)	-0.036*** (0.006)	-0.038*** (0.005)	-0.026*** (0.007)	-0.026*** (0.007)
FLand	0.325*** (0.041)	0.328*** (0.041)	0.221*** (0.036)	0.227*** (0.035)	0.211*** (0.02)	0.211*** (0.02)

续表

	Popden (ln) 清中前期 (1724—1776)		Popden (ln) 清中期 (1776—1851)		Popden (ln) 清晚期 (1851—1898)	
	(Ⅰ) FE	(Ⅱ) RE	(Ⅲ) FE	(Ⅳ) RE	(Ⅴ) FE	(Ⅵ) RE
Drought	-0.042*** (0.006)	-0.039*** (0.005)	-0.036*** (0.006)	-0.035*** (0.006)	-0.031*** (0.007)	-0.031*** (0.007)
Flood	-0.011 (0.041)	-0.019 (0.042)	-0.028 (0.052)	-0.031 (0.049)	-0.023 (0.053)	-0.023 (0.053)
Maize	0.137*** (0.052)	0.141*** (0.049)	0.265*** (0.046)	0.268*** (0.042)	0.169*** (0.051)	0.169*** (0.051)
Latitude	3.017*** (1.012)	4.678*** (1.002)	4.254*** (0.998)	5.441*** (1.009)	4.176*** (1.011)	5.326*** (1.015)
Longitude	2.672 (7.311)	2.817 (7.150)	2.658 (7.316)	2.835 (7.155)	2.670 (7.312)	2.713 (7.141)
Policy	-0.024 (0.855)	-0.025 (0.851)	-0.015 (0.872)	-0.016 (0.873)	-0.018 (0.652)	-0.018 (0.652)
Tax	0.043 (0.216)	0.045 (0.231)	0.175 (0.238)	0.176 (0.239)	0.153 (0.124)	0.153 (0.124)
Observations	1411	1411	1411	1411	1411	1411
R^2	0.45	0.45	0.33	0.33	0.31	0.31

注：*、** 和 *** 分别表示在 10%、5% 和 1% 的水平上显著，括号内数字为标准误。

五、内生性检验

人口密度出现变化也有可能是人口迁徙造成的，清代历史上出现了数次大规模的人口迁移。一般而言，缺少人口迁徙这一变量可能会使某省一部分的人口增长被错误地归因于番薯的种植上。但根据曹树基（2001）的研究，清代大规模的跨省迁徙在乾隆朝时已趋于停止，人口流动多局限于省内。而清末大范围的人员流动，如闯关东等，也是在1897年清廷宣布全面开禁柳条边后才开始形成规模。因而大规模的人员跨省迁徙不会影响回归结果。

为了进一步打消其他因素所带来的内生性问题的疑虑，参考 Jia（2014）的方法对下式进行估计：

$$Adoption_i = S_i\mu_i + \delta_i。$$

其中，$Adoption_i$ 是刻画番薯种植状况的变量，采用"标准化的引植年份"（normalized adoption year）这一指标，并将其定义为"最初引植年份/100"。S_i 是为番薯引入前各省状况的变量，包括 1724 年各省旱涝灾害的发生率、战争发生率、人口密度和耕地面积。

表 2-7 汇报了内生性检验的估计结果。无论是战争频次、旱涝灾发生率还是耕地状况，都和番薯引入时间无关。这表明，番薯在中国各省的传播可能主要受所处的地理位置和所在地区的种植环境的影响，与人口压力及其他因素关系不大。这在一定程度上排除了回归中的内生性问题，从而证明了结果的可靠性。

表 2-7 内生性检验回归结果

	Norminized adoption year		
	(Ⅰ)	(Ⅱ)	(Ⅲ)
Popden	0.001 (0.004)	0.001 (0.005)	0.002 (0.006)
War	—	-4.336 (8.178)	-3.784 (8.785)
FLand	—	-0.043 (0.236)	0.048 (0.272)
Flood	—	—	-25.238 (28.598)
Drought	—	—	-13.499 (20.053)
Observations	17	17	17
R^2	0.09	0.15	0.19

注：*、** 和 *** 分别表示在 10%、5% 和 1% 的水平上显著，括号内数字为标准误。

第五节 本章小结

本章采用清代 1724—1898 年省级面板数据实证分析番薯引入对清代人口增长的影响，研究结论如下：第一，在 OLS、固定效应模型及随机效应模型中，番薯引入的系数均显著为正，这表明番薯引入对清代人口增长确实具有显著的促进作用。为了排除可能存在的互为因果的关系，使用番薯适种指数与各省丘陵面积占比的交叉项作为工具变量，并采用两阶段工具变量法进行分析，其系数依然显著为正。第二，为了更进一步考察番薯引入对清代人口增长的影响，将总体样本省份依据地形分为平原省份与山地省份，回归结果发现，番薯引入对山地省份人口增长的贡献更大，这与番薯自身适应力强的特点属性相符合。第三，为考察番薯引入对清代不同时期人口增长的影响，将所涉及的时间段分为3个阶段，具体研究番薯引入对清中前期、清中期及清晚期人口增长的影响，实证结果表明，番薯引入在3个时期均显著，其中，番薯引入对清中期人口增长的影响最大，显著性也最高。第四，为了进一步排除可能存在的内生性问题，引入番薯标准种植年份这一被解释变量，将1724年的人口密度、自然灾害发生状况等纳入考察，其结果并不显著，这表明番薯引入与当地旱涝灾害的发生及人口压力无关。

第三章 番薯引入对战争的影响

第一节 模型设定

战争历来为社会学家和历史学家所关注，本章采用是否发生战争、战争发生频率及战争爆发烈度作为被解释变量。自然灾害直接影响战争发生，依据《中国近五百年旱涝分布图集》所标识的旱涝等级强度，将干旱与洪涝分为极度干旱与普通干旱、极度洪涝与普通洪涝。此外，Kung 和 Ma (2014) 在研究儒家文化对社会稳定性的影响时，采用山东各地书院数量代表儒家文化影响强弱，结果发现书院越多的地方动乱概率越小。胡金焱等 (2016) 发现当铺数量对于当地农民起义的发生率有显著影响。因此，在控制变量中加入当铺数量 $Pawn$ 及书院数量 $School$。总体计量模型如下：

$$War_{it} = \alpha_1 SW_{it} + \alpha_2 Drought_{it} + \alpha_3 ExDrought_{it} + \alpha_4 SW_{it} \times Drought_{it}$$
$$+ \alpha_5 SW_{it} \times ExDrought_{it} + \alpha_6 Flood_{it} + \alpha_7 ExFlood_{it}$$
$$+ \alpha_8 SW_{it} \times Flood_{it} + \alpha_9 SW_{it} \times ExFlood_{it} + \gamma X_{it} + \theta_i + \theta_t + \varepsilon_{it}。$$

其中，War_{it} 为被解释变量，代表是否发生战争、战争发生频率及战争爆发烈度。SW_{it} 为解释变量，代表番薯引入。$Drought_{it}$ 与 $Ex Drought_{it}$ 分别为普通干旱与极度干旱，$Flood_{it}$ 和 $Ex Flood_{it}$ 分别为普通洪涝与极度洪涝。加入番薯引入与干旱及洪涝发生的交互项，反映番薯引入在自然灾害与战争发生之间的作用。此外，X_{it} 为控制变量，包括书院数量、当铺数量及耕地面积指数等。

第二节 番薯引入与战争发生

表 3-1 报告了番薯引入对是否发生战争的影响。其中，番薯引入系数

显著为负,可见番薯引入负向影响战争的发生。普通干旱与极端干旱的系数均为正,且都在1%的水平上显著,这表明干旱可能引起战争的发生;而番薯引入与普通干旱和极度干旱的交互项都显著为负,这表明,在发生干旱时,番薯引入可以在一定程度上抑制战争的发生。极度洪涝在10%的水平上显著正向影响战争发生,而番薯引入与极度洪涝的交互项却在10%的水平上显著负向影响战争发生,这表明在极度洪涝时,番薯引入可以对战争发生有一定的抑制作用。此外,作为控制变量的各地书院的数量与战争的爆发并无显著的关系,这一点与Kung和Ma(2014)的研究结果不同,可能是山东一省的特殊情况,不能放诸全国。

表3-1 番薯引入对是否发生战争的影响

	War (dummy)		
	(Ⅰ) OLS	(Ⅱ) FE	(Ⅲ) RE
SW	-0.009* (0.005)	-0.011* (0.005)	-0.012* (0.006)
$Drought$	0.325*** (0.056)	0.412*** (0.102)	0.412*** (0.104)
$ExDrought$	0.536*** (0.071)	0.542*** (0.073)	0.543*** (0.071)
$SW \times Drought$	-0.732** (0.281)	-0.745** (0.278)	-0.751** (0.283)
$SW \times ExDrought$	-0.412*** (0.115)	-0.415** (0.116)	-0.415** (0.116)
$Flood$	0.081 (0.052)	0.083 (0.067)	0.087 (0.071)
$ExFlood$	0.133* (0.079)	0.134* (0.075)	0.134* (0.075)
$SW \times Flood$	-0.223 (0.326)	-0.227 (0.323)	-0.224 (0.317)
$SW \times ExFlood$	-0.178* (0.104)	-0.177* (0.103)	-0.177* (0.103)
$Pawn$	0.895** (0.455)	0.875* (0.457)	0.877* (0.457)

续表

	War (dummy)		
	（Ⅰ）OLS	（Ⅱ）FE	（Ⅲ）RE
School	-0.021	-0.022	-0.024
	(0.017)	(0.017)	(0.018)
Fland	-0.017***	-0.015***	-0.014**
	(0.005)	(0.006)	(0.006)
Observations	1411	1411	1411
R^2	0.26	0.28	0.28

注：*、**和***分别表示在10%、5%和1%的水平上显著，括号内数字为标准误。

表3-2报告了番薯引入对战争发生频率的影响。回归结果显示，尽管被解释变量更换为战争发生频率，番薯引入依然显著负向影响战争发生频率。在发生干旱时，无论是普通干旱还是极端干旱，番薯引入均对战争发生频率有显著的抑制作用。普通洪涝对战争发生频率的影响不显著，极度洪涝在10%的统计水平上显著正向影响战争发生频率，而番薯引入与极度洪涝的交互项不显著，可见，极度洪涝使战争发生频率增加，但番薯引入对由极度洪涝引致的战争发生频率的增加没有显著作用。

表3-2 番薯引入对战争发生频率的影响

	War (frequency)		
	（Ⅰ）OLS	（Ⅱ）FE	（Ⅲ）RE
SW	-0.112**	-0.118**	-0.098*
	(0.041)	(0.058)	(0.054)
Drought	0.325***	0.325***	0.325***
	(0.056)	(0.056)	(0.056)
ExDrought	0.706***	0.672***	0.668***
	(0.171)	(0.151)	(0.147)
SW × Drought	-0.459**	-0.486**	-0.497***
	(0.194)	(0.193)	(0.191)
SW × ExDrought	-0.562***	-0.527***	-0.522***
	(0.184)	(0.196)	(0.187)
Flood	0.081	0.081	0.081
	(0.052)	(0.052)	(0.052)

续表

	War (frequency)		
	(Ⅰ) OLS	(Ⅱ) FE	(Ⅲ) RE
ExFlood	0.273*	0.274*	0.281*
	(0.159)	(0.155)	(0.158)
SW×Flood	-0.094	-0.116	-0.128
	(0.089)	(0.096)	(0.098)
SW×ExFlood	-0.212	-0.215	-0.215
	(0.155)	(0.116)	(0.116)
Pawn	0.755*	0.735*	0.747*
	(0.436)	(0.411)	(0.415)
School	-0.003	-0.003	-0.003
	(0.002)	(0.002)	(0.002)
Fland	-0.019***	-0.016***	-0.017***
	(0.005)	(0.006)	(0.006)
Observations	1411	1411	1411
R^2	0.26	0.26	0.27

注：*、** 和 *** 分别表示在 10%、5% 和 1% 的水平上显著，括号内数字为标准误。

第三节 番薯引入与战争烈度

衡量战争烈度的指标有很多，如战争的延续时长、战争的波及范围与战争造成的伤亡等。一般而言，战争持续时间越长，其整体的惨烈程度也就越大。为了更好地刻画番薯引入对战争的影响，选取战争延续时长来代表"战争烈度"。同时，将政府救灾这一因素纳入考察之中。在遇到灾荒年份的时候，政府救灾可以降低农民起义的发生率（Chen，2012）。据《清实录》记载，乾隆后期山东发生大旱，当地农民为了度过荒年广泛种植番薯。这在一定程度上减轻了政府救灾的压力，番薯实际上起到了对政府救灾行为的替代作用。为了验证番薯引入对政府救灾的替代效应，仿照胡金焱等（2016）的研究方法，将样本按照政府是否进行救灾分为两个部分进行研究。当中央政府有开仓赈粮、减免或缓交租税、蠲赋减役、借贷粮食等赈灾措施时，则政府救灾的变量记为1，否则为0。

表3-3报告了番薯引入对战争爆发烈度的影响。估计结果显示，无论是否有政府救灾行为，番薯引入的系数均不显著，这表明番薯引入并没有直接影响战争爆发烈度。无论是否有政府救灾，普通干旱与极度旱灾均显著正向地影响战争爆发烈度。番薯引入与普通干旱、极度干旱的交互项系数均为负，除政府救灾样本中与普通干旱的交互项不显著，其余所有交互项都显著，这表明番薯引入在发生旱灾时能够显著降低战争爆发烈度。与没有政府救灾的样本相比，有政府救灾的样本中，普通干旱的系数相对较小，显著性水平也更低，极度干旱的系数却相对更大，这表明普通干旱时政府救灾能够起到一定的抑制作用，但极度干旱时政府救灾不仅没有起到抑制作用，可能还进一步加剧了战争爆发烈度。番薯引入与普通干旱的交互项均为负，但仅在无政府救灾的样本中显著，这表明番薯引入在无政府救灾时对战争爆发烈度有显著的抑制作用，这从侧面说明普通干旱时番薯引入能够在一定程度上替代政府救灾。无论是否有政府救灾，番薯引入与极度干旱的交互项均显著为负，且两者系数大小接近，可见在发生极度干旱时，番薯引入有助于降低极度干旱导致的战争烈度。普通洪涝和极度洪涝均对战争爆发烈度没有显著作用。由此可见，在发生旱灾时，番薯引入能够在一定程度上替代传统的政府救灾行为，为清代社会的稳定做出了一定的贡献。

表3-3 番薯引入对战争爆发烈度的影响

	War (intensity)	
	(Ⅰ) Relief=1	(Ⅱ) Relief=0
SW	0.036	0.049
	(0.061)	(0.057)
Drought	3.681*	4.126***
	(2.162)	(0.833)
ExDrought	2.758**	2.467***
	(1.256)	(0.634)
SW×Drought	-1.847	-0.752***
	(1.221)	(0.237)
SW×ExDrought	-0.063**	-0.062**
	(0.032)	(0.033)
Flood	0.95	0.101
	(3.276)	(1.39)

续表

	War (intensity)	
	(Ⅰ) Relief = 1	(Ⅱ) Relief = 0
ExFlood	1.428 (1.204)	1.765 (1.635)
SW × Flood	-1.930 (1.312)	-0.295 (0.427)
SW × ExFlood	0.023 (0.021)	0.025 (0.027)
Observations	913	498
R^2	0.24	0.18

注：*、** 和 *** 分别表示在 10%、5% 和 1% 的水平上显著，括号内数字为标准误。

第四节　本章小结

本章实证分析番薯引入对清代战争的影响。研究结果表明：①番薯引入显著降低了战争发生及战争发生频率；②番薯引入对战争爆发烈度没有显著影响，普通干旱与极度干旱显著正向影响战争爆发烈度；③在发生普通干旱时，番薯引入仅对无政府救灾时的战争烈度有显著的抑制作用，在发生极度干旱时，无论是否有政府救灾，番薯引入均有助于降低极度干旱导致的战争烈度。

天灾爆发时，清政府对地方控制力度崩溃导致救灾不力，极大地刺激了战争爆发。番薯引入可以在一定程度上替代政府救灾行为，使得灾民在荒年里多了一种生存选择，减少了灾民对政府开仓赈济、减免赋税等救灾行为的需求，巩固了社会的稳定性。清代究其根本依然是一个以小农经济为主的封建王朝，整个社会的发展依旧为马尔萨斯定律所制约。在外来因素的刺激下，人地失衡的矛盾彻底爆发，流民遍地，盗贼蜂起，甚至王朝覆灭，这是中国历史上的王朝周期律循环往复的表现。而美洲粮食作物的引入只不过是将中国掉入马尔萨斯陷阱的上限提高了一些，使得人地矛盾的爆发推迟了一些而已。事实上，在清代达到其人口巅峰的1850 年，由洪秀全等人领导的金田起义正在缓慢地酝酿着，其后数十年间，太平天国军队横扫中国大江南北，清代丢失了近乎半壁江山，尤其是中央政府赋税的来源重地江南地区也为起义军所占领。清政府为平息叛乱调动了大量的资源，历时 20 多年终于剿灭了起义军。这场太平天国战争持续时间之长，战争爆发程度之惨烈，使得中国几乎丧失了 7000 万到 1 亿的人口。

第四章 番薯引入对经济的影响

第一节 番薯引入对粮食价格的影响

关于美洲粮食作物引入对经济的影响，Nunn 和 Qian（2010）认为美洲粮食作物马铃薯的引入有力推动了欧洲城市化的发展，促进了经济增长。但是，Chen 和 Kung（2016）却发现美洲粮食作物玉米的引入并没有给中国带来同样的效果。那么，番薯引入是否促进了清代经济发展？该问题的回答仍有待进一步研究。粮食价格向来是一国政府重点关注的经济指标，小农经济下的封建社会尤其如此。在遭受到干旱、洪涝等自然灾害的负向经济冲击时，当地的粮食价格都会有不同程度的上涨，当农民无力负担过高的粮价时，就会被迫走上暴力反抗的道路，社会稳定和经济发展遭到破坏。

清代粮食价格主要以大米价格和小麦价格为参考，其中，南方省份多以大米价格代表当地粮食价格，而北方省份则用小麦价格代表（陈志武，2014）。粮食价格数据来源于王业键院士搜集整理的《清代粮价资料库》，这套粮价资料库里包括的粮食种类繁多，且记录了各省每年每月的最低及最高粮价。根据陈志武（2014）的方法，大米主产区选取当地大米价格作为粮食价格，小麦主产区则选用小麦价格。从粮价资料库选取 17 个省的主要粮食品种的价格数据，将其一年中每月最低及最高粮价共 24 个粮食价格数据平均化处理作为当年该省的粮食价格（GPrice）。除了上述材料，还参考了彭凯翔的《清代以来的粮价：历史学的解释与再解释》一书，以求数据翔实（图 4-1 和图 4-2）。

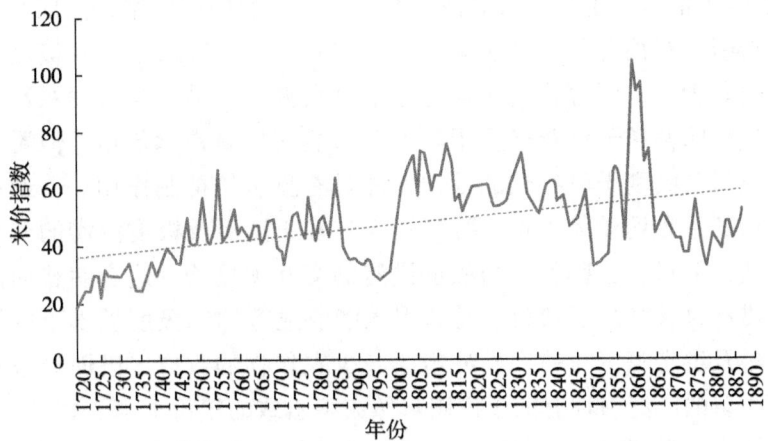

图 4–1　清代米价的变化（以 1913 年米价为基底）

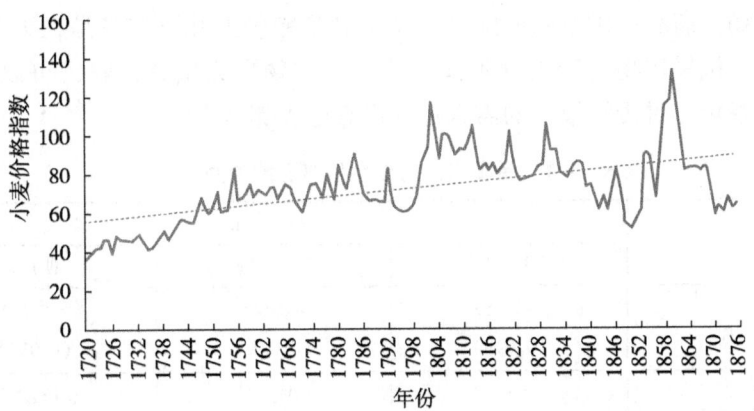

图 4–2　清代小麦价格的变化（以 1913 年小麦价格为基底）

为分析番薯引入对清代粮价的影响，设置如下计量模型：

$$\begin{aligned}\ln GPrice_{it} =\ & \alpha_1 SW_{it} + \alpha_2 Drought_{it} + \alpha_3 ExDrought_{it} \\ & + \alpha_4 SW_{it} \times Drought_{it} + \alpha_5 SW_{it} \times ExDrought_{it} + \alpha_6 Flood_{it} \\ & + \alpha_7 ExFlood_{it} + \alpha_8 SW_{it} \times Flood_{it} + \alpha_9 SW_{it} \times ExFlood_{it} \\ & + \gamma X_{it} + \theta_i + \theta_t + \varepsilon_{it} \, \circ\end{aligned}$$

其中，$GPrice_{it}$ 是粮食价格，SW_{it} 是番薯引入，$Drought_{it}$ 与 $ExDrought_{it}$ 分别为普通干旱与极度干旱，$Flood_{it}$ 和 $ExFlood_{it}$ 为普通洪涝与极度洪涝。加入番薯引入与干旱及洪涝发生的交互项，可以反映出番薯引入对由于自然灾害导致的粮食价格上涨是否具有抑制作用。x_{it} 代表一系列控制变量，表示玉米引种状况、战争频率及耕地面积指数。

表 4-1 汇报了番薯引入对清代粮食价格影响的回归结果。回归结果显示，番薯引入对粮食价格的影响为负，但不显著。普通干旱及极度干旱的系数均显著为正，而番薯引入与普通干旱及极度干旱交互项的系数均显著为负，这表明普通干旱及极度干旱均能够显著推高粮食价格，但番薯引入对普通干旱及极度干旱导致的粮价上涨具有显著的抑制作用。普通洪涝与极度洪涝的系数均显著为正，番薯引入与普通洪涝及极度洪涝的交互项系数均为负，但只有番薯引入与极度洪涝的交互项显著，这表明普通洪涝与极度洪涝都显著推高了粮价，番薯引入能够显著抑制极度洪涝下的粮价上涨。干旱及洪涝等负向的气候冲击会减少农作物的收成，进而导致粮价上涨，而番薯的广泛引种有助于抑制自然灾害引致的粮价上涨。曹玲（2005）等学者认为，番薯引入一方面通过增加粮食供给抑制粮价上涨；另一方面，随着番薯引入，原先被农民拿来作为口粮的稻米和小麦更多地作为商品粮供应市场，商品粮供给的增加进一步抑制了粮价上涨。尤其是在天灾年份，番薯作为抗旱作物对于天气不如传统粮食作物那么敏感，农民可以通过番薯度过荒年，对传统粮食的需求量并没有过去那么大。

表 4-1 番薯引入对粮食价格影响的回归结果

	GPrice (ln)		
	(Ⅰ) FE	(Ⅱ) FE	(Ⅲ) RE
SW	-0.057	-0.065	-0.065
	(0.049)	(0.058)	(0.059)
Drought	0.065***	0.072***	0.068***
	(0.011)	(0.011)	(0.012)
ExDrought	0.712***	0.673***	0.675***
	(0.167)	(0.154)	(0.158)
SW × Drought	-0.018***	-0.017***	-0.017***
	(0.005)	(0.006)	(0.006)
SW × ExDrought	-0.014***	-0.015**	-0.015**
	(0.005)	(0.006)	(0.006)
Flood	0.159*	0.262**	0.267**
	(0.084)	(0.115)	(0.118)

续表

	GPrice (ln)		
	(I) FE	(II) FE	(III) RE
ExFlood	0.033***	0.024***	0.022***
	(0.007)	(0.005)	(0.005)
$SW \times Flood$	−0.017	−0.025	−0.027
	(0.015)	(0.018)	(0.019)
$SW \times ExFlood$	−0.574***	−0.472***	−0.486***
	(0.186)	(0.175)	(0.183)
Maize	—	−0.041*	−0.039*
		(0.022)	(0.021)
War	—	0.035***	0.042***
		(0.011)	(0.015)
Fland	—	−0.013**	−0.011**
		(0.006)	(0.006)
Observations	1411	1411	1411
R^2	0.07	0.12	0.12

注：*、** 和 *** 分别表示在 10%、5% 和 1% 的水平上显著，括号内数字为标准误。

第二节　番薯引入对真实工资的影响

Allen 等（2009）通过收集整理中国各省的地方志及官方文献，推测出 18—20 世纪中国的真实工资。本节中，清代真实工资数据来源于 Allen 等（2009）。参考 Chen 和 Kung（2016）的做法，加入了番薯引入和一系列与经济发展因素有关的交互项，包括番薯引入与各省内大运河长度的交互项（$SW \times Grand\ Canal$）、番薯引入与各省河流长度的交互项（$SW \times Rivers$）。具体计量模型如下：

$$Real\ Wage_{it} = \alpha SW_{it} + \alpha_1 SW_{it} \times Grand\ Canal_{it} \\ + \alpha_2 SW_{it} \times Rivers_{it} + \alpha_3 Maize_{it} + \theta_i + \theta_t + \varepsilon_{it}。$$

其中，$Real\ Wage_{it}$ 为清代真实工资，SW_{it} 是番薯引入，$SW_{it} \times Grand\ Canal_{it}$ 为番薯引入与各省大运河长度的交互项，$SW_{it} \times Rivers_{it}$ 为番薯引入与各省河流长度的交互项，$Maize_{it}$ 为是否引种玉米。

表 4-2 汇报了番薯引入对清代真实工资增长影响的回归结果。其中第（Ⅰ）列的基准回归结果显示，番薯引入对清代真实工资增长的影响为正，但不显著。第（Ⅱ）列加入了番薯引入与各省大运河长度的交互项，回归结果显示番薯引入对清代工资增长的影响仍然不显著，交互项也不显著。第（Ⅲ）列同时加入番薯引入与各省大运河长度及各省河流长度的交互项，结果只有番薯引入与各省河流长度的交互项在 1% 的水平上正向显著。第（Ⅳ）列在第（Ⅲ）列的基础上加入控制变量玉米引入，回归结果与第（Ⅲ）列相同，只有番薯引入与各省河流长度的交互项正向显著。即番薯引入对清代真实工资增长并没有显著的影响，而且各控制变量除了番薯引入与各省河流长度的交互项显著之外，其他也均不显著。由此可见，番薯引入并没有引致清代真实工资收入的增长。

表 4-2 番薯引入对真实工资增长影响的回归结果

	Real Wage (ln)			
	(Ⅰ) OLS	(Ⅱ) OLS	(Ⅲ) OLS	(Ⅳ) OLS
SW	0.15 (0.14)	0.13 (0.14)	0.11 (0.15)	0.13 (0.15)
SW × Grand Canal	—	-0.08 (0.14)	-0.08 (0.14)	-0.08 (0.14)
SW × Rivers	—	—	1.18*** (0.42)	1.18*** (0.42)
Maize	—	—	—	1.41 (1.33)
Province Fixed Effects	Yes	Yes	Yes	Yes
Period Fixed Effects	Yes	Yes	Yes	Yes
Observations	482	482	482	482
R^2	0.12	0.12	0.15	0.15

注：*、** 和 *** 分别表示在 10%、5% 和 1% 的水平上显著，括号内数字为标准误。

第三节 番薯引入对城镇化的影响

曹树基（2001）在《中国人口史 第五卷（清时期）》中估计出了各

省的城镇化率，将其进行线性插值得到各省各年代的城镇化率。本节清代城镇化率数据来自于《中国人口史 第五卷（清时期）》（曹树基，2001）。参考 Chen 和 Kung（2016）的做法，加入各种影响当时经济发展的因素，包括番薯引入与各省内大运河长度的交互项（$SW \times Grand\ Canal$）、番薯引入与各省河流长度的交互项（$SW \times Rivers$）及各省玉米引种状况（$Maize$）。计量模型如下：

$$Urban\ Rate_{it} = \alpha SW_{it} + \alpha_1 SW_{it} \times Grand\ Canal_{it} + \beta_1 SW_{it} \times Rivers_{it} + \beta Maize_{it} + \theta_i + \theta_t + \varepsilon_{it}。$$

其中，$Urban\ Rate_{it}$ 为清代城镇化率，SW_{it} 是番薯引入，$SW_{it} \times Grand\ Canal_{it}$ 为番薯引入与各省大运河长度的交互项，$SW_{it} \times Rivers_{it}$ 为番薯引入与各省河流长度的交互项，$Maize_{it}$ 为是否引种玉米。

表 4-3 报告了番薯引入对城镇化影响的回归结果。其中，第（Ⅰ）列的基准回归结果显示，番薯引入对清代城镇化率的影响为正，但不显著。第（Ⅱ）列加入番薯引入与各省大运河长度的交互项，回归结果显示番薯引入及其交互项均不显著。第（Ⅲ）列同时加入番薯引入与各省大运河长度以及各省河流长度的交互项，结果只有番薯引入与各省河流长度的交互项在 1% 的水平上正向显著。第（Ⅳ）列在第（Ⅲ）列的基础上加入控制变量玉米引入，回归结果与第（Ⅲ）列相同，只有番薯引入与各省河流长度的交互项正向显著。即番薯引入对清代城镇化率并没有显著的影响，而且各控制变量中只有番薯引入与各省河流长度的交互项在 1% 的统计水平上正向显著。可见，番薯在全国各省的传播并没有推动清代城镇化发展，这一点与马铃薯对西方的影响并不相同。

表 4-3 番薯引入对城镇化影响的回归结果

	Urban Rate			
	（Ⅰ）	（Ⅱ）	（Ⅲ）	（Ⅳ）
SW	0.16	0.18	0.16	0.12
	(0.10)	(0.12)	(0.15)	(0.14)
$SW \times Grand\ Canal$	—	0.05	0.07	0.06
		(0.11)	(0.12)	(0.15)
$SW \times Rivers$	—	—	1.18***	1.18***
			(0.42)	(0.42)
$Maize$	—	—	—	1.47
				(1.33)

续表

	Urban Rate			
	(Ⅰ)	(Ⅱ)	(Ⅲ)	(Ⅳ)
Province Fixed Effects	Yes	Yes	Yes	Yes
Period Fixed Effects	Yes	Yes	Yes	Yes
Observations	281	281	281	281
R^2	0.12	0.12	0.15	0.16

注：*、** 和***分别表示在10%、5%和1%的水平上显著，括号内数字为标准误。

第四节 本章小结

本章实证分析番薯引入对清代经济发展的影响。研究结果表明：①番薯引入对粮食价格的影响不显著，但番薯引入对普通干旱、极度干旱及极度洪涝导致的粮价上涨具有显著的抑制作用；②番薯引入并没有引致清代真实工资收入的增长；③番薯在全国各省的传播并没有推动清代城镇化发展。

古代农业经济的发展完全是"看天吃饭"，无论是天灾（干旱、洪涝）还是人祸（战争）都会极大地破坏农业生产，具体则表现为粮食价格的快速暴涨。番薯作为一种粮食作物，兼具高产、耐旱、不占粮田的优点。在发生大规模旱灾时，番薯可以成为民间度过饥荒年份的重要生活物资，为清代百姓尤其是底层民众的生计提供了最基本的保障。

清代既是中国历史上人口高速增长的时期，也是小农经济发展的高峰期。在这段时期内，美洲粮食作物不断从沿海地带向内陆地区传播扩散，许多过去难以开垦的荒山沙地得到了有效的利用，新增的耕地面积不断扩大，粮食的亩产量不断提高，与此同时，清代的社会经济发展也是空前繁荣，各大商业集镇不断崛起，手工业规模与数量较之前有了长足的发展。相较于西方，番薯引入并没有带来清代真实收入的增长及城镇化率的提高。但番薯引入在一定程度上抑制了干旱和洪涝引致的粮食价格的攀升，对清代社会经济发展的稳定做出了一定的贡献。总体来说，番薯引入虽未带来经济发展方式的本质改变，但却是促进清代经济平稳增长的稳定器。

第二部分　粮食生产及产后收储

◎第五章　劳动力价格变化对粮食生产的影响
◎第六章　农业支持保护补贴与农户种粮意愿
◎第七章　粮食产后收储模式选择及影响因素

第五章　劳动力价格变化对粮食生产的影响[①]

第一节　引　言

中国农村劳动力成本上升问题是当前社会各界关注的热点与焦点。20世纪90年代起，中国沿海地区劳动力短缺推动劳动力工资快速上涨，高工资诱导大量农村劳动力向城市和非农产业转移（陈锡文，2011）。农村劳动力的持续转移导致农业劳动力数量与质量下降（胡雪枝 等，2012），再加上农村劳动力非农就业工资的不断上升，两者相互作用推高了农业劳动力价格。据全国农产品成本收益资料统计，1998—2003年中国农业生产雇工日工资一直在18元左右，此后开始持续快速增长，2003—2017年，雇工日工资由18.45元上涨为101.28元，年均增长率高达32.07%。可见，随着劳动力价格的不断上涨，中国农业传统的劳动力成本优势正在逐渐消失，农村剩余劳动力接近枯竭，刘易斯拐点初现（蔡昉，2010）。中国农业生产基础薄弱、经营规模较小且科技应用程度不高，农业劳动力在农业生产中具有十分重要的作用，农业劳动力成本上升必将直接影响粮食安全及粮食生产。

学界就农村劳动力价格变化对粮食生产的影响开展了大量研究，但尚无一致结论。部分研究认为农村劳动力价格上涨整体上不利于粮食生产（杨进 等，2016；郭健 等，2017）。根据成本收益理论，农村劳动力价格的上升抬高了农业生产经营成本，为了平衡成本上升的影响，农业生产者可能会采用比较收益较高的经济作物替代粮食作物，即减少粮食作物播种面积，增加经济作物种植。而且劳动力价格的上升还可能会促使农业生产者减少粮食生产中的劳动投入，进而影响粮食生产效率。但也有部分研究持

[①] 本章主要内容曾发表于《华南农业大学学报（社会科学版）》2019年第6期。

相反的观点，认为农村劳动力数量及价格的变化不一定会负面影响粮食生产（温铁军 等，2010；田红宇 等，2018）。这类研究主要基于诱致性技术变迁理论，根据当前中国劳动与机械的相对价格及农业机械化进程的现实情况，认为农村劳动力数量及价格的变化推动了农业生产者采用机械替代劳动，以缓解劳动成本上升的冲击。而且中国农业生产性服务组织不断发展，粮食生产作业标准化程度较高，不少地区粮食生产连片经营，有利于劳动力成本上升后农业生产者在粮食生产过程中采用机械替代劳动。不仅如此，农业机械的广泛使用还能够有效地提高粮食生产效率。

现有研究存在较大争议的主要原因在于以下几个方面。首先，现有部分研究主要为定性分析，较为依赖研究者的经验及主观分析能力而做出推断，研究结论相对笼统，必然有别于定量分析。其次，现有实证研究多采用特定样本数据计量分析劳动力价格对粮食生产的影响，而忽视了劳动力价格对粮食生产影响作用机制的复杂性，即面对劳动力价格上涨，农业生产者可以选择要素替代或产品替代（钟甫宁，2016），前者直接采用机械替代劳动，不改变农业生产结构；后者既可以通过增加种植更多高附加值的经济作物以获得相对较高的收入和价格，也可以通过增加种植节约劳动的粮食作物以获取规模经济，劳动力价格对粮食生产的影响取决于两者共同作用的结果。最后，大多数现有研究并未考虑劳动力价格对粮食生产影响的区域差别，农业生产结构调整与各地区的经济水平及地形条件相关，这直接关系到劳动力价格对粮食生产的影响，仅分析全国整体层面而不考虑地区差异，可能无法全面反映劳动力价格对粮食生产的影响。

此外，特别值得关注的是，近年来中国粮食连年增产，给人的直观印象是农村劳动力成本上升并未影响粮食生产。特别是随着农业机械化水平的不断提高，农村劳动力价格上涨似乎对粮食生产并无不利影响。但这种判断是基于全国整体层面分析得出，劳动力价格变化的影响可能被不同地区所平衡。中国各地经济发展水平差异较大，地形地貌不尽相同，劳动力价格的影响不仅可能受到地形条件的约束，还可能表现出一定的地域差异。因此，劳动力价格对粮食生产的影响到底如何，仍需要进一步探讨和验证。

基于此，本章利用2001—2016年全国省级面板数据，实证分析劳动力价格对粮食生产的影响，考察地形约束的作用，并分析其区域差异。研究不仅有助于加深理解劳动力价格变化对粮食生产的影响，还有助于更加全面、科学地判断在劳动力成本上升情况下农业生产要素配置及生产结构调整问题，对降低农业生产成本、保障粮食安全具有重要的参考价值。

第二节　文献综述

关于农村劳动力与粮食生产问题结合研究的相关文献较多，主要从农村劳动力转移、农村劳动力结构变化及其价格变化3个方面展开。

现有研究就农村劳动力转移对粮食生产的影响进行了大量研究，但尚未取得一致结论。部分研究认为，农村劳动力转移不利于粮食生产。农村大量有知识、有技能的年轻劳动力流出可能会造成农村人力资本的下降（Goodburn，2009；Mancinelli et al.，2010），留下老人和妇女从事农业生产（姜明伦 等，2012），农业从业者弱化趋势明显（贾利军 等，2015）。农业从业人口老龄化（Rozelle et al.，1999；李旻 等，2009）、女性化及科技素质的下降（吕新业，2003），显著降低了粮食生产中的劳动投入（李旻 等，2009；秦立建 等，2011），并给粮食生产带来了负面影响。即便外出务工增加的收入有助于缓解农户家庭所面临的流动性约束（Chiodi et al.，2012），然而流动性约束的缓解并不能完全抵消劳动力转移对粮食生产的负面影响（钱文荣 等，2010），反而会促进经济作物种植（刘乃全 等，2009）。也有部分研究持反对意见，认为农村劳动力转移有利于粮食生产。一方面，农村劳动力转移能够缓解粮食生产"内卷化"困境并提升粮食生产环境技术效率（田红宇 等，2018），只要还有剩余劳动力，农村劳动力转移就有利于增加粮食产量（温铁军 等，2010）。另一方面，农村劳动力转移能够缓解人地矛盾（程名望 等，2015），提升农村劳动力素质（郭庆旺 等，2009），并促进资本、技术等生产要素进入农业领域（朱农，2005），而农业资本投入的大量增加（Ahituv et al.，2002）及农业机械的广泛使用（钱文荣 等，2010；薛庆根 等，2014）有利于提高劳动生产率并保障粮食安全。但劳动力转移对粮食生产的促进作用会受到地理自然条件的影响，在自然条件相对较好的村庄，劳动力外流有利于加快推进粮食适度规模化生产（葛干忠 等，2014）；而在不适宜机械作业的丘陵山区，劳动力外流对粮食生产的促进作用会被削弱（钟甫宁 等，2016）。此外，还有一些研究发现，农村劳动力转移对粮食生产的影响具有区域差异。例如，王跃梅等（2013）采用

1978—2008 年面板数据进行分析，研究结果显示农村劳动力外流对主产区粮食产出影响显著，而对主销区无显著性影响。张杰飞（2016）对 1997 年以来全国及分区域面板数据进行分析发现，农业劳动力对全国粮食产量具有显著的负面影响，但对粮食主产区的影响并不显著，这与王跃梅等（2013）的研究并不一致。而刘亮等（2014）采用县级和农户面板数据进行分析发现，农村劳动力转移对粮食总产量的影响并不大，对主产区粮食总产量的影响更小。

关于农村劳动力老龄化和女性化对粮食生产的影响也尚无一致定论。部分研究认为农村劳动力老龄化对粮食生产具有负面影响。与年轻劳动力相比，老龄劳动力在农业生产中不占优势（李旻 等，2009），其主要生产要素的边际产值、耕种面积及其他各生产要素的投入水平均低于非老龄户，农业老龄化严重制约着中国农业的发展（徐娜 等，2014）。农村劳动力老龄化对粮食产量变化产生了显著负向的影响，劳动力老龄化下粮食产量得以保持增长的原因主要是粮食播种面积和化肥使用量的增加，农村老龄劳动比重的增加减弱了化肥及机械对粮食产量变化的边际作用，但强化了正常劳动、粮食播种面积、农药、农用薄膜的边际作用（魏君英 等，2018）。还有一些研究持不同意见，认为农村劳动力老龄化不会对粮食生产产生负面影响。由于生产决策趋同和农业外包服务的普及，老年农户与年轻农户在种植决策、要素投入及粮食单产上没有明显差别（胡雪枝 等，2012；2013）。老年农户虽然体力下降，但种植经验丰富，其粮食生产效率并不低于年轻农户，因此不会负面影响粮食生产（钱文荣 等，2010；彭代彦 等，2013）。宏观及微观层面的分析结果都表明老年劳动力比例对粮食生产无显著影响（杨进 等，2016）。中国农业生产"内卷化"现象突出，农村劳动力老龄化减少劳动投入，推动农业生产规模化与机械化，能够显著提高粮食种植面积并促进粮食增产（李俊鹏 等，2018）。分区域进行研究发现，农村劳动力老龄化显著降低了北方的技术效率，但对南方没有显著影响（彭代彦 等，2016）；且劳动力老龄化并不会显著负向影响中部、西部、东北及全国整体的粮食生产，但会显著负向影响东部地区（刘景景，2017）。而且劳动力老龄化对粮食生产的影响在不同的地形存在明显差异，在适宜机械耕作的平原地区，劳动力老龄化会增加机械化程度较高的粮食作物的种植比例；而在丘陵山区，则会增加经济效益较高的经济作物的种植比例（王善高 等，2018）。对于农村劳动力女性化的影响，部分文献认为女性劳动力在体力及资金获得等方面不占优势，其农业生产率远低于男性（李旻 等，2009），农村劳动力女性化显著负向影响主产区粮食生产技术效率（成德宁 等，2015）。但也有学者持相反的观点，认为女性劳动力并不比男性劳动力面临更多约束（Brauw et al.，2008），即便在农业生产中遇到劳动力不足和生产技术难题时，留守妇女也会通过延长劳动时间、多途径学习、调整农业生产结构等方式进行积极应对（吴惠芳 等，2009），劳动力女性化不一定会降低粮食生产效率（文华成，2014）。分区域研究还显示，农村劳动力女性化显著提高了粮食生产的技术效率，尤其是北方地区（彭代彦 等，2016）。

有关劳动力价格上涨对粮食生产影响的研究主要分为两个方面。一是劳动力价格上涨引致的要素替代。资本和劳动具有相互替代的关系，在劳动力价格快速上涨的情形下，粮食生产会倾向于采用农业机械替代劳动，以减少农业劳动投入，缓解劳动力转移带来的劳动力结构性短缺问题（吴丽丽 等，2016）。但机械对劳动的替代可能会受到地形条件的制约，实现要素替代的必要条件是地处平原（钟甫宁，2016），在坡耕地比例较高的地区这种替代就会被削弱（郑旭媛 等，2017）。二是劳动力价格上涨推动农业生产结构调整。一些研究认为，劳动力价格上涨促使农业生产结构从用工较多、成本较高的经济作物向用工较少的粮食作物调整（殷海善 等，2012），但也有研究指出农村劳动力价格上涨会显著降低粮食作物种植比例，增加经济作物种植比例，尤其是蔬菜作物种植比例（杨进 等，2016）。分品种的研究也显示，农业劳动力成本每上涨一倍，稻谷和小麦播种面积比例将分别降低 8.1% 和 8.0%，蔬菜和油料播种面积比例将分别提高 6.3% 和 2.3%（郭健 等，2017）。

综上所述，已有文献就农村劳动力对粮食生产的影响进行了很多有益的探索，但仍存在一些不足。第一，已有研究重点关注农村劳动力转移及其结构变化对粮食生产的影响，实证分析农村劳动力价格变化及其影响的文献只有可数几篇，且尚无一致结论。第二，已有不少研究忽略了地形条件及经济水平对劳动力价格上涨影响的作用，中国地形复杂，经济发展极不平衡，劳动力价格变化对粮食生产的影响不能一概而论。第三，现有文献大多侧重于全国整体层面，没有考虑劳动力成本变化对粮食生产影响的区域差异性。中国地域辽阔，各地自然地理条件、农业生产结构及经济发展水平差别较大，农村劳动力成本上涨对各地粮食生产的影响也可能不尽相同。基于此，本章实证分析农村劳动力价格变化对粮食生产的影响及其区域差异。

第三节 劳动力价格与粮食生产

经济条件与地理差异是影响农户种植决策的关键因素，两者均可能会通过限制种植结构及要素投入的调整而影响粮食生产。因此我们结合经济条件与地理条件，参考杨进等（2016）对粮食种植地理区域的划分标准，将全国粮食主要生产区域划分为4个部分：一是东北地区，包括辽宁省、吉林省和黑龙江省；二是东部地区，包括河北省、山东省、江苏省、浙江省、福建省、广东省和海南省；三是中部地区，包括山西省、河南省、湖北省、湖南省、江西省和安徽省；四是西部地区，包括重庆市、四川省、贵州省、云南省、广西壮族自治区、陕西省、甘肃省、内蒙古自治区和新疆维吾尔自治区。

一、农村劳动力价格水平变化

2001年以来，中国农村劳动力价格持续上涨（图5-1）。根据历年《全国农产品成本收益资料汇编》，2001年中国农业雇用劳动力日工资为18.23元，2003开始上涨，从2003年的18.45元涨到2017年的101.28元，年均增长率为32.07%。此外，各个地区农村劳动力价格也都呈上升趋势，其中东北地区农业雇用劳动力日工资由2001年的19.28元上升为2017年的107.53元，年均涨幅为28.61%；东部地区从2001年的20.50元增长到2017年的108.02元，年均涨幅为25.11%；中部地区从2001年的18.46元上涨到2017年的110.00元，年均涨幅为30.99%；西部地区也从2001年的15.95元上涨到2017年的85.00元，年均涨幅为25.47%。总体来看，中部地区农村劳动力价格上涨速度最快，东部地区上涨速度相对较慢，而东北地区和西部地区增长速度居中（图5-1）。

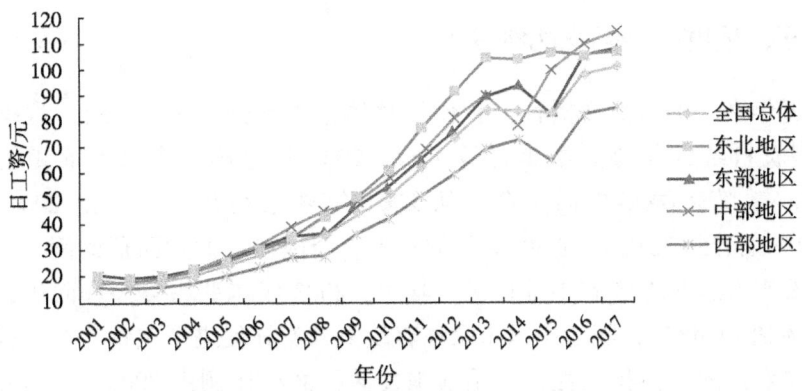

图 5-1 中国农村劳动力雇工日工资变化趋势

二、粮食作物播种面积变化

2001 年以来，中国粮食作物播种面积总体相对平稳，稳中略升（图 5-2）。根据历年《中国农村统计年鉴》，2001 年全国粮食播种面积为 106080 千公顷，有一个短时间的下降以后，从 2003 年开始增长，由 2003 年的 9941.00 万 hm^2 上升到 2015 年的 11 896.30 万 hm^2，年均增长率为 1.40%。2015 年后，粮食播种面积有一个小幅的下降，到 2017 年，粮食播种面积降为 11 798.90 万 hm^2，下降幅度为 0.41%。分区域考察，东北地区粮食作物播种面积自 2003 年以来一路上升，到 2017 年上升至 2005.78 万 hm^2，年均涨幅达到 2.50%；中部地区粮食播种面积有微弱的上升趋势，从 2001 年的 2962.54 万 hm^2 上升到 2017 年的 3320.02 万 hm^2，年均涨幅为 0.75%；西部地区近年来一直保持平稳态势；而东部地区粮食播种面积则稳中有降，2001 年以来，东部地区粮食播种面积由 2597.94 万 hm^2 降至 2457.34 万 hm^2。

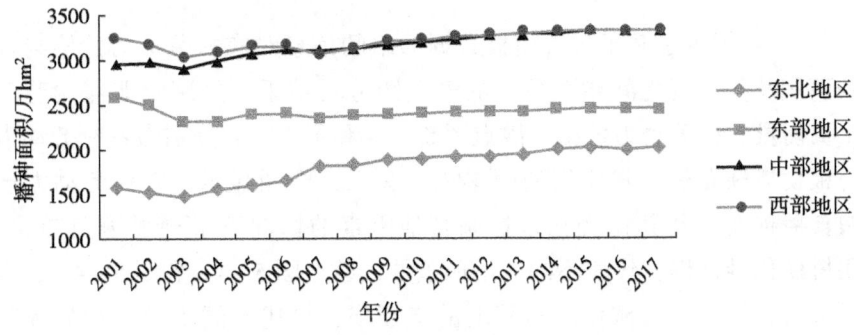

图 5-2 中国粮食作物播种面积变化趋势

三、粮食播种面积比例变化

近年来,中国粮食播种面积比例总体稳中有升(图5-3)。根据历年《中国农村统计年鉴》数据计算可得,2001年全国粮食播种面积比例为63.98%,随后两年略微下降,从2004年开始稳步上升,由2004年的58.27%上升到2017年的60.00%的水平。全国粮食播种面积比例上升的贡献主要来自东北地区和中部地区,其中,2003年东北粮食播种面积比例一度下降到74.48%,随后中国惠农强农政策的实施促进了粮食生产,极大地调动了农户的种粮积极性,于是其粮食播种面积比例由2003年的74.48%上升到2017年的98.00%,年均涨幅达到2.26%;与东北地区相同,中部地区粮食播种面积比例自2003年以来也稳步上升,到2017年达到74.00%。东部地区和西部地区粮食播种面积比例均呈下降趋势,两地分别从2001年的71.00%和55.00%下降至2017年的52.00%和41.00%。

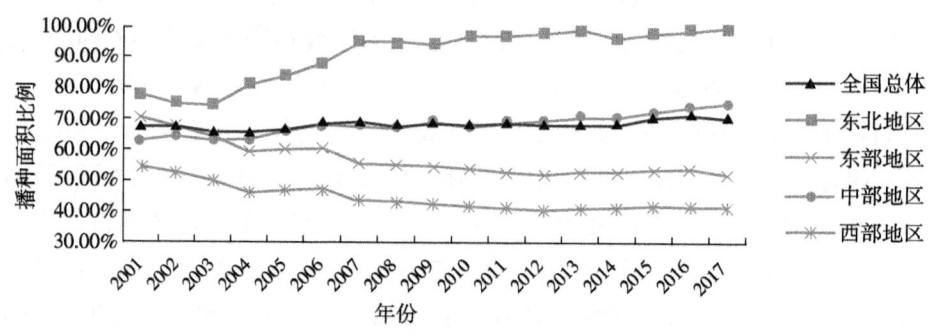

图5-3 中国粮食播种面积比例变化趋势

四、劳动力价格与粮食播种面积及其比例的相关关系

图5-4报告了基于分省面板数据的组间信息对农村劳动力价格与粮食播种面积及其比例之间相关关系的散点图分析结果。采用农业雇用劳动力日工资衡量农村劳动力价格,散点图5-4a和图5-4c分别为农村劳动力价格与粮食播种面积及其比例的简单相关关系,两图显示,农村劳动力价格与粮食播种面积及其比例在未控制其他因素的情况下呈现显著负向关系。采用机械化难易程度代表不同的地形条件,散点图5-4b和图5-4d加入了农村劳动力价格与机械化难易程度的交互项,描述不同机械化难易程度下农村劳动力价格与粮食播种面积及其比例的相关关系,两图显示,交互项

与粮食种植面积及其比例呈现显著正向关系，即在考虑粮食生产机械化难易程度之后，机械化作业较为容易的地区会使得劳动力价格对粮食播种面积及其比例的负向作用被削弱。

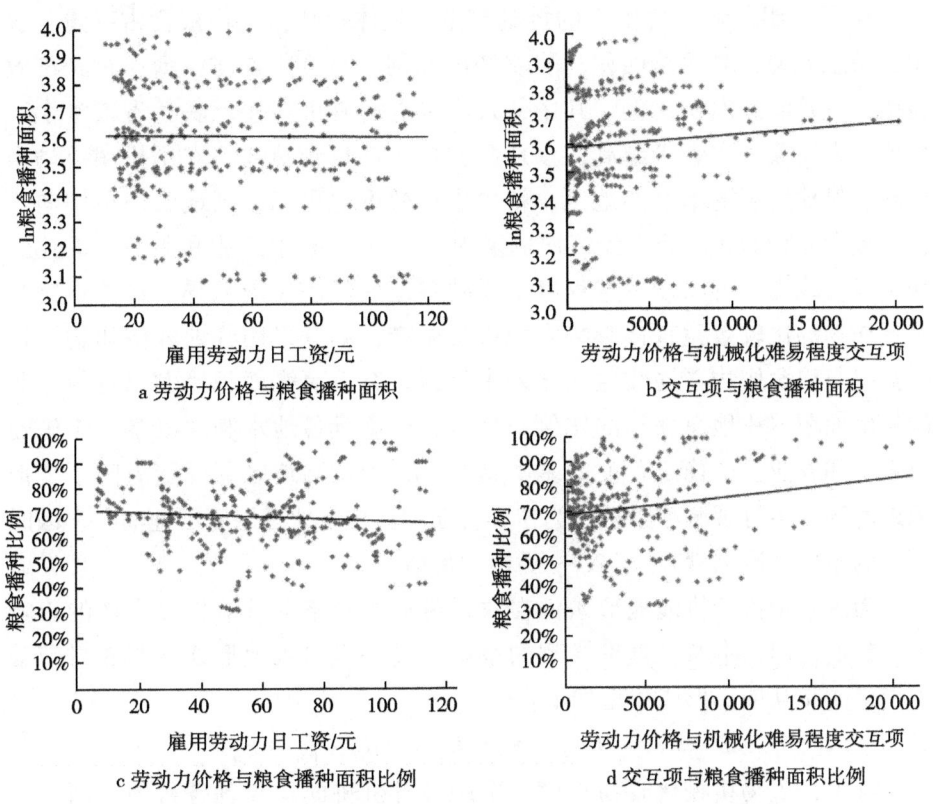

图 5-4　劳动力价格与粮食播种面积及其比例的关系

第四节　模型与数据

一、模型设定

本章主要采用 2001—2016 年全国各个省份数据来考察农村劳动力价格上升对粮食生产的影响。具体模型如下：

$$Y_{it} = \alpha + \beta_1 \times X_{it} + \gamma \times M_{it} + \mu_i + \varepsilon_{it}。$$

其中，被解释变量 Y_{it} 表示第 i 省第 t 年粮食播种面积及其占农作物总播种面积的比例。关键解释变量 X_{it} 采用 i 省第 t 年农业雇用劳动力日工资来表示。农业生产具有强烈的周期性、季节性和地域性，通常农忙时节需要增加大量劳动力，而农闲时节则刚好相反，因此，采用农业雇用劳动力日工资作为关键解释变量能够更好地衡量农村劳动力价格的变化对粮食生产的影响。

M_{it}是一组影响粮食生产的控制变量，具体包括：人均粮食占有量、农用机械总动力、耕地总面积、非农经济比例、经济作物与粮食作物经济效益差、有效灌溉面积比例。其中，人均粮食占有量直接反映各省粮食生产地位，人均粮食占有量越高，该地区粮食生产也越重要。农用机械总动力更高、耕地资源更丰富的地区，粮食生产效率也更高，当地农户更倾向于扩大粮食播种面积。非农经济比例采用地区总GDP中工业和服务业的比例来衡量，该指标可以在一定程度上反映各地区经济发展差异。经济作物与粮食作物的比较效益直接影响农户粮食生产，本章采用各地经济作物平均收益率与粮食作物平均收益率之差来衡量。有效灌溉面积比例指有效灌溉的耕地面积占耕地总面积的比例，它是直接衡量各地水利灌溉基础设施建设水平和农业生产稳定程度的基本指标。μ_i为控制地区层面随时间不变但因地而异的不可观测因素；ε_{it}为特异扰动项，控制地区层面因地而异、因时而异的不可观测因素。α、β、γ为模型待估参数。

为进一步检验耕地地形条件在农村劳动力价格上升对粮食生产的影响中所起的作用，本章在基准模型的基础上进一步引入地形条件与农村劳动力价格的交互项，形成模型如下：

$$Y_{it} = \alpha + \beta_1 X_{it} + \beta_2 X_{it} R_{it} + \gamma M_{it} + \mu_i + \varepsilon_{it}。$$

其中，R_{it}为机械化难易程度，采用各省机耕面积与各省耕地总面积的比值来衡量，代表地形条件。同时采用一省主要耕地地形特征作为代理，以进一步验证模型的稳健性。α、β_1、β_2和γ为模型待估参数，其中β_1和β_2为本章关注的重点。此外，为了减少方差、减少残差的波动范围，所有回归方程中实变量都取对数形式。

对于基于面板数据的非观测效应综列数据模型，可选择固定效应模型或随机效应模型来进行参数估计。两种方法各有优劣，一般来说，固定效应模型有助于控制内生性问题，且当模型中不可观测因素与解释变量相关时，此时采用随机效应估计量有偏误，固定效应估计量更有优势。当模型中不可观测因素与解释变量无关时，固定效应模型和随机效应模型都能获得一致的估计量，但后者在参数估计时综合使用了组内动态信息与组间横截面异质性信息，因而其参数估计效率更高。

二、数据来源

本章所采用的数据是全国 25 个省（区、市）2001—2016 年相关数据构成的面板数据[①]。数据来源于官方的统计年鉴，主要包括《全国农产品成本收益资料汇编》《中国农村统计年鉴》《中国统计年鉴》，以及各个省份的相关年份官方统计年鉴等。各变量的描述性统计分析结果如表 5-1 所示。

表 5-1 主要变量基本统计量

变量	均值	标准差	最小值	最大值
粮食播种面积/万 hm^2	423.52	241.34	36.04	1180.47
粮食播种面积比例	68.38%	17.19%	30.36%	97.34%
亩均机械投入/元	75.77	52.85	0.12	241.74
农村雇用劳动力日工资/元	51.50	32.46	10.46	136.31
人均粮食占有量/kg	437.72	259.21	123.92	1654.47
农用机械总动力/万 kW	3240.52	2727.92	178.21	13 353.02
耕地总面积/万 hm^2	503.26	256.85	72.27	1586.40
非农经济比例	86.25%	5.81%	62.10%	95.87%
经济与粮食作物经济效益差	-1.16%	23.21%	-65.62%	98.56%
有效灌溉面积比例	47.70%	20.97%	13.46%	97.68%
机械化难易程度	55.16%	32.47%	1.04%	97.14%

第五节 实证分析

一、全国层面劳动力价格对粮食生产的影响

（一）基本回归结果

表 5-2 的估计结果显示，农业雇用劳动力日工资负向影响粮食播种面积，且在 5% 的统计水平上显著，这表明农村劳动力价格上涨总体上会导致

[①] 由于北京、上海、天津、宁夏、青海和西藏部分数据缺失，予以剔除。该六省（区、市）均非粮食主产区，剔除后不会影响研究结果的稳健性。

全国粮食播种面积减少。此外，表5-2的结果还表明，农业雇用劳动力日工资对粮食播种面积比例也存在显著的负向影响，且在1%的水平上显著，即农村劳动力价格上涨会导致粮食播种面积比例下降，这一点与杨进等（2016）的研究结论一致。总体上看，农村劳动力价格上涨导致粮食播种面积及其比例均下降，农村劳动力价格上涨不利于粮食生产。可能的经济学解释在于，要素相对价格是决定产品结构乃至生产方式的关键因素，农村劳动力价格上涨推高粮食生产成本，为了追求利润最大化，农户只能选择要素替代或产品替代，前者不改变农业种植结构，仅根据要素相对价格的变化重新优化组合生产要素以降低粮食生产成本；后者将直接影响农业种植结构，为平衡粮食生产成本的上升，农户会将土地、资金等农业生产要素

表5-2 农村劳动力价格对粮食播种面积及其比例影响的估计结果

变量	ln 全国粮食播种面积		全国粮食播种面积比例	
	FE	RE	FE	RE
农村雇用劳动力日工资	-0.0004**	-0.0008**	-0.0751***	-0.0455**
	(-0.0002)	(-0.0002)	(-0.0196)	(-0.0177)
人均粮食占有量	0.0005**	0.0004***	0.0716***	0.0672***
	(-0.0001)	(-0.0001)	(-0.0045)	(-0.0039)
变量 ln 农用机械总动力	0.0195	0.0356**	1.8870	2.1570
	(-0.0157)	(-0.0166)	(-1.572)	(-1.445)
ln 耕地面积	0.2020***	0.4660***	20.9000***	-0.3250
	(-0.0599)	(-0.0518)	-6.0130	(-2.6220)
非农经济比	-0.0036**	-0.0014*	-0.0505	-0.0281
	(-0.0018)	(-0.0018)	(-0.1760)	(-0.1540)
经济与粮食作物经济效益差	-0.0006**	-0.0006***	-0.0174	-0.0097
	(-0.0002)	(-0.0002)	(-0.0186)	(-0.0193)
有效灌溉面积比例	0.0014*	0.0033***	0.0272	-0.2120***
	(-0.0011)	(-0.0010)	(-0.1060)	(-0.0630)
Constant	6.3660***	3.7910***	-145.8000**	39.7500*
	(-0.5700)	(-0.4910)	(-57.2000)	(-23.0600)
Observations	425	425	425	425
Number of provinces	25	25	25	25
R^2	0.451	0.564	0.568	0.436

注：*、**和***分别表示在10%、5%和1%的水平上显著，括号内数字为标准误。

投入到附加值相对较高的经济作物上,增加经济作物种植面积以获得更高的价格和收入,这并不利于粮食生产。

其他控制变量对粮食播种面积及比例的影响也基本符合理论预期。人均粮食占有量对粮食播种面积及其所占比例均有着显著的正向影响,这表明在不考虑资源、投入等其他条件的情况下,粮食生产地位越重要的地区粮食播种面积及其所占比例也越大,这类地区大多是粮食主产省,相比其他地区更加重视粮食生产。耕地总面积对粮食播种面积及其所占比例的影响均显著为正,即耕地规模越大的地区粮食播种面积及其所占比例也越大,这一点与王跃梅等(2013)的研究结论一致。非农经济比例、经济作物与粮食作物经济效益差均对粮食播种面积具有显著的负向影响,这表明经济越发达、经济作物比较收益越高的地区越倾向于减少粮食播种面积;一般地,经济作物比较收益的提高会推动农业结构调整,这主要表现为蔬菜等高附加值的经济作物替代粮食作物,即粮食播种面积下降、经济作物播种面积上升,而经济发达地区可实现经济作物销售的市场容量更大,这为种植业内部结构调整提供了基础市场条件。此外,有效灌溉面积比例显著正向影响粮食播种面积,即有效灌溉面积比例越高,粮食播种面积越大。

(二)考虑地形约束作用

表5-3和表5-4加入地形约束条件,其中表5-3和表5-4的(1)、(2)列均加入农村劳动力价格与机械化难易程度的交互项。模型估计结果表明,在考虑地形约束条件后,农村劳动力价格对粮食播种面积及比例仍然有着显著的负向影响。农村劳动力价格与机械化难易程度的交互项对粮食播种面积及比例均有显著正向的影响,且基本上都在1%的统计水平上显著,这表明,在农业生产机械化更容易的地区,农村劳动力价格上涨后,农业生产者一方面会进行要素替代,采用农业机械替代劳动力来降低生产成本;另一方面会选择维持甚至扩大粮食播种面积及比例,通过规模经营降低生产成本。这一结论基本与现实相符,在机械化相对容易的平原地区,农业生产者更容易将种植结构向粮食作物调整,通过要素替代和规模经营来降低生产成本,以抵消农村劳动力价格上涨对粮食生产的负面影响。例如,江苏和山东地处东部地区,且地形以平原为主,耕地相对平坦,农村劳动力价格上升时,能够较为顺利地实现机械替代劳动,农业生产者可能将更多的资源投入到粮食生产上,从而削弱农村劳动力价格上升的负面影

响,2001—2016 年,两省粮食播种面积分别由 488.67 万 hm^2 和 715.35 万 hm^2 上涨到 543.27 万 hm^2 和 751.15 万 hm^2。而在机械化更难的山地丘陵地区,粮食生产中通过农业机械替代劳动力以降低成本的难度较大,因此,农业生产者往往会采用产品替代,即选择种植高附加值的经济作物替代粮食作物,通过高附加值产品获取相对较高的收入和价格以平衡劳动力价格上涨带来的成本上升。例如,浙江和福建同样地处经济相对发达的东部地区,但两省均多山地、多丘陵,粮食生产中机械难以有效替代劳动力,再加上当地较高的收入水平使得消费者对高附加值产品的需求增加,高成本的推动及高需求的拉动,共同促使两地粮食作物种植向经济作物种植转变,如上文所述,2001—2016 年,两省经济作物种植面积年均增长率分别高达 21.89% 和 12.82%。

表 5-3 和表 5-4 的 (3)、(4) 列均加入了农村劳动力价格与是否为平原的交互项,模型估计结果显示,农村劳动力价格对粮食播种面积及比例也都有着显著负向的影响,农村劳动力价格与是否为平原的交互项对粮食播种面积及比例的影响则显著为正,这与表 5-3 和表 5-4 的 (1)、(2) 列的结果基本一致,进一步验证了模型的稳健性。

表 5-3 加入地形约束后劳动力价格对粮食播种面积的影响

变量	ln 粮食播种面积			
	FE (1)	RE (2)	FE (3)	RE (4)
农村雇用劳动力日工资	-0.0011***	-0.0015***	-0.0004**	-0.0007***
	(0.0002)	(0.0002)	(0.0002)	(0.0002)
劳动力价格 × 机械化难易程度	0.0009***	0.0006***	—	—
	(0.0002)	(0.0002)	—	—
劳动力价格 × 是否为平原	—	—	0.0001**	0.0001**
	—	—	(0.0003)	(0.0003)
人均粮食占有量	0.0006***	0.0004***	0.0005***	0.0005***
	(0.0001)	(0.0001)	(0.0001)	(0.0001)
ln 农用机械总动力	0.0383*	0.0846***	0.0195	0.0346**
	(0.0220)	(0.0235)	(0.0157)	(0.0165)
ln 耕地面积	-0.0657	0.2350***	0.2000***	0.4770***
	(0.0598)	(0.0553)	(0.0629)	(0.0531)

续表

变量	ln 粮食播种面积			
	FE (1)	RE (2)	FE (3)	RE (4)
非农经济比	-0.0046**	-0.0044**	-0.0036**	-0.0015
	(0.0018)	(0.0020)	(0.0018)	(0.0018)
经济与粮食作物经济效益差	-0.0008***	-0.0008***	-0.0006***	-0.0006***
	(0.0002)	(0.0002)	(0.0002)	(0.0002)
有效灌溉面积比例	-0.0035***	0.0003	0.0014	0.0035***
	(0.0012)	(0.0012)	(0.0010)	(0.0010)
Constant	8.8980***	5.8660***	6.3860***	3.7000***
	(0.5990)	(0.5510)	(0.5980)	(0.5030)
Observations	336	336	400	400
Number of provinces	21	21	25	25
R^2	0.539	0.689	0.451	0.712

注：*、**和***分别表示在10%、5%和1%的水平上显著，括号内数字为标准误。

表 5-4　加入地形约束后劳动力价格对粮食播种面积比例的影响

变量	粮食种植面积比例			
	FE (1)	RE (2)	FE (3)	RE (4)
农村雇用劳动力日工资	-0.1390***	-0.1170***	-0.0806***	-0.0624***
	(0.0259)	(0.0250)	(0.0197)	(0.0181)
劳动力价格×机械化难易程度	0.0009***	0.0006***	—	—
	(0.0002)	(0.0002)	—	—
劳动力价格×是否为平原	—	—	0.0619**	0.0897***
	—	—	(0.0268)	(0.0247)
人均粮食占有量	0.0801***	0.0724***	0.0679***	0.0606***
	(0.0053)	(0.0042)	(0.0047)	(0.0043)
ln 农用机械总动力	2.1240	3.2500	1.8740	2.4750*
	(2.6040)	(2.2510)	(1.5630)	(-1.4250)
ln 耕地面积	-0.0549	-6.0250	16.5400***	-0.2860
	(7.0850)	(3.9390)	(6.2690)	(2.5750)
非农经济比	-0.1220	-0.0850	-0.0651	0.0058
	(0.2180)	(0.1990)	(0.1750)	(0.1520)

续表

变量	粮食种植面积比例			
	FE (1)	RE (2)	FE (3)	RE (4)
经济与粮食作物经济效益差	-0.0277	-0.0233	-0.0188	-0.013
	(0.0198)	(0.0202)	(0.0185)	(0.0191)
有效灌溉面积比例	-0.3450**	-0.3200***	-0.0182	-0.2330***
	(0.1390)	(0.0899)	(0.1070)	(0.0622)
Constant	48.3000	88.8000**	-104.8000*	37.4900*
	(71.0400)	(37.8700)	(59.5700)	(22.6400)
Observations	357	357	425	425
Number of provinces	21	21	25	25
R^2	0.597	0.645	0.574	0.611

注：*、**和***分别表示在10%、5%和1%的水平上显著，括号内数字为标准误。

二、不同区域劳动力价格对粮食生产的影响

本部分内容对模型进行 Hausman 检验，以选择相对适合的估计方法进行计量分析。参照全国回归分析结果，我们分别进一步考察东北地区、东部地区、中部地区及西部地区劳动力价格上涨对粮食播种面积及其比例的影响，发现分区域回归结果与全国总体情况存在明显的差异（表5-5）。对于东北地区，农村劳动力价格对其粮食播种面积有着显著负向影响，而对粮食播种面积比例的影响不显著，这表明东北地区农村劳动力价格上涨会导致粮食播种面积及经济作物播种面积同时下降，因而粮食播种面积所占比例没有明显变化。对于中部和西部地区，农村劳动力价格对两个地区粮食播种面积均存在显著的负向影响，且分别在1%和5%的统计水平上显著，表明农村劳动力价格上涨会导致中西部地区粮食播种面积缩减。同时，劳动力价格对中部地区和西部地区粮食播种面积比例也有负向影响，并且分别在5%和1%的统计水平上显著，这表明，农村劳动力价格上涨会导致中西部地区粮食播种面积比例下降，雇用劳动力日工资每上涨1元，中部地区和西部地区粮食播种面积比例会分别下降0.0911个百分点和0.142个百分点。中部地区和西部地区农作物种植面积和种植结构的变化都表明，农村劳动力价格上涨会使中部地区和西部地区粮食播种面积下降，高附加值的经济作物播种面积显著增加。例如，四川省经济作物种植面积在2001年为

276.99万hm²，到2016年增长为618.22万hm²，年均增长7.70%。对于东部地区，农村劳动力价格对粮食播种面积的影响不显著，但在5%的统计水平上显著负向影响粮食播种面积比例，表明东部地区农村劳动力价格上涨不会导致粮食播种面积下降，但会扩大其经济作物播种面积。这可能是由于东部地区经济发展迅速，居民收入增长较快，受高收入城市人口需求的拉动，农产品市场容量不断增大，特别是经济作物的需求飞速上涨，因而东部地区粮食播种面积变化不显著，而经济作物播种面积显著增加。例如，浙江省和福建省的蔬菜、水果等经济作物播种面积均大幅增长，2001—2016年，浙江省经济作物种植面积由56.57万hm²上涨至254.70万hm²，年均增长率高达21.89%；福建省经济作物种植面积也由53.23万hm²增长至162.43万hm²，年均增长率为12.82%。综上，农村劳动力价格上涨主要影响中国东北地区、中部地区及西部地区粮食生产，这可能是由于中国各个省份的社会经济状况和自然地理条件的差别，各地粮食作物及经济作物的种植必然随经济发展、收入增长而呈现出不同的变化情况。

表5-5 农村劳动力价格对粮食生产影响的区域差异

变量	ln 粮食播种面积				粮食播种面积比例			
	东北	东部	中部	西部	东北	东部	中部	西部
农村雇用劳动力日工资	-0.0037***	-0.0002	-0.0016***	-0.0005**	-0.0832	-0.0462**	-0.0911***	-0.1420***
	(0.0009)	(0.0002)	(0.0003)	(0.0002)	(0.0909)	(0.0211)	(0.0414)	(0.0359)
人均粮食占有量	0.0003***	0.0020***	0.0008***	0.0008***	0.0381***	0.1750***	0.0462**	0.0772***
	(0.0001)	(0.0002)	(0.0001)	(0.0001)	(0.0068)	(0.0151)	(0.0188)	(0.0088)
ln 农用机械总动力	0.1700	0.0225	0.1470***	0.0249	35.9600***	2.0590	4.0570	10.4600**
	(0.1390)	(0.0137)	(0.0279)	(0.0335)	(13.8000)	(1.2560)	(3.5790)	(4.9360)
ln 耕地面积	0.9690***	0.5410***	0.7000***	0.4570***	-23.4900	70.0800***	-2.4580	44.5000***
	(0.0809)	(0.1770)	(0.0449)	(0.0482)	(8.0490)	(16.2200)	(5.7630)	(7.1100)
非农经济比	0.00811	-0.0163***	-0.0027*	-0.0167***	-0.0199	-1.2130***	1.4860	-1.1790***
	(0.0073)	(0.0024)	(0.0032)	(0.0024)	(0.7240)	(0.2210)	(0.4130)	(0.3590)
经济与粮食作物经济效益差	-0.0002	-0.0002	0.0003	-0.0004**	0.0156	0.0132	0.0576	-0.0171
	(0.0007)	(0.0002)	(0.0004)	(0.0002)	(0.0718)	(0.0215)	(0.0465)	(0.0275)

续表

变量	ln 粮食播种面积				粮食播种面积比例			
	东北	东部	中部	西部	东北	东部	中部	西部
有效灌溉面积比例	0.0073**	0.0026*	0.0085***	0.0165***	-0.4570	0.2260	-0.1490	1.2170***
	(0.0037)	(0.0015)	(0.0014)	(0.0013)	(0.3690)	(0.1380)	(0.1730)	(0.1960)
Constant	-2.2760***	4.0160***	0.8540*	4.5730***	12.0800	-469.8000***	-78.6500	-357.7000***
	(0.5960)	(1.4930)	(0.4650)	(0.4730)	(59.2800)	(136.5000)	(59.7000)	(69.7300)
Observations	51	119	102	153	51	119	102	153
Number of provinces	3	7	6	9	3	7	6	9
R^2	0.855	0.788	0.612	0.844	0.851	0.801	0.549	0.675

注：*、**和***分别表示在10%、5%和1%的水平上显著，括号内数字为标准误。

第六节　本章小结

本章基于2001—2016年全国25个省级面板数据实证分析农村劳动力价格对粮食生产的影响及其区域差异。研究发现：①农村劳动力价格显著负向影响粮食播种面积及其比例，对粮食生产产生不利影响；②农村劳动力价格对粮食生产的影响会受到地形约束的作用，在机械化相对容易的平原地区，要素替代和规模经营会削弱农村劳动力价格上涨对粮食生产的不利影响；③农村劳动力价格对粮食生产的影响呈现显著的区域差异，其中，农村劳动力价格上涨导致东北地区、中部地区及西部地区粮食播种面积减小，且显著负向影响中部地区、西部地区及东部地区粮食播种面积比例，可见，劳动力价格上涨主要不利于东北地区、中部地区及西部地区粮食生产，而对东部地区的影响不显著。

基于上述实证结果，现阶段保障粮食安全、稳定粮食供应的关键就在于降低粮食生产成本，实现规模经济。第一，加强农业科技投入，提高生产效率。农业科技是决定农业生产效率的关键，为此，中国应进一步加强农业科技投入，特别是加强农业关键技术及适用技术的研发，积极促进农业科技成果转化与应用，通过农业科技应用提高粮食生产效率。第二，发展农业机械，降低人工成本。大力发展先进、适用的农业机械，加强适用于山地丘陵地区粮食生产作业的中小型农机具的研发，以机械替代劳动力，降低粮食生产人工成本。第三，引导农村土地有序流转，提高粮食生产经营规模。建立健全农村土地经营权流转市场，降低交易成本，同时发展土地托管、土地入股等多种土地流转形式，逐步扩大土地经营规模。第四，完善社会化服务体系，实现作业环节规模经济。完善社会化服务体系，引导发展多种形式的农业社会化服务组织，采用现代农业技术，分别服务于粮食生产作业的不同阶段与环节，实现小规模农户粮食生产各阶段及环节的规模经济。此外，还有必要根据各地自然条件及经济发展状况因地制宜，建立粮食生产基地，充分挖掘东北地区、中部地区及西部地区粮食生产潜力，通过农业资本、技术、机械等投入对劳动的替代，进一步降低粮食生产成本，稳定生产能力，提高生产效率。

第六章 农业支持保护补贴与农户种粮意愿

第一节 引 言

民以食为天,保障粮食安全是中国的基本国策。由于农业的天然弱质性,其生产过程面临自然和市场双重风险,因此,自2004年起中国先后实施了农作物良种补贴、种粮农民直接补贴和农资综合补贴等"三项补贴"政策,通过转移支付对粮食主产区、产粮大县等特定区域进行财政支持。虽然农业"三项补贴"政策在促进农业发展、保障粮食安全等方面发挥了重要作用,但随着农业农村发展形式的变化,原有政策的弊端越来越明显。在不少地区,农业"三项补贴"已经演变成普惠式的收入补贴,很多不种地、不种粮的农户都能领取补贴,而很多真正的农业生产者及粮食生产者却很难受惠。可见,农业"三项补贴"政策的针对性及精准性较差,政策效应不断递减,其对调动种粮积极性、促进粮食生产的作用大大降低。综合上述因素,要克服既有弊端,增强政策的指向性,政策改革势在必行。

2015年,农业"三项补贴"改革率先在安徽、山东、湖南、四川和浙江五省试点,尝试将农作物良种补贴、种粮农民直接补贴和农资综合补贴等农业"三项补贴"合并为农业支持保护补贴,补贴重点向种粮大户、家庭农场、农民合作社和农业社会化服务组织等新型经营主体倾斜,体现"谁多种粮食,就优先支持谁"的原则,以促进粮食规模经营。经过为期一年的试点,2016年5月,农业支持保护补贴政策在全国范围内全面推开。2017年,中央一号文件进一步明确了粮食主产区是农业支持保护补贴的重点,支持规模经营是政策的重要目标。自政策全面实施以来,农业支持保护补贴对粮食生产的影响,特别是对粮食规模经营的影响引起了学界广泛关注和争论,有必要进行深入研究。

已有文献重点关注农业"三项补贴"对粮食生产的影响，研究内容主要集中在 3 个方面：一是将各种补贴作为一个整体，直接分析是否有补贴、补贴总额等对粮食生产的影响。例如，彭澧丽等（2014）、王欧和杨进（2014）考察农业补贴对粮食生产的影响。二是具体分析各种不同的补贴政策对粮食生产的影响。例如，Becker 和 Judge（2014）分析了美国南部生产灵活性合同补贴和直接支付对稻谷种植面积的影响，臧文如等（2010）、钱加荣和赵芝俊（2015）等研究了粮食直补对粮食生产的影响，黄季焜等（2011）、靳庭良（2013）等还分别研究了种粮农民直补、农资综合直补等对农户粮食生产的影响。三是考察农业补贴对粮食生产效率的影响。例如，李谷成等（2014）研究了良种补贴与粮食生产效率的关系，高鸣（2017）及高鸣等（2017）分析了粮食直补对农户生产效率的影响。综合来看，鲜有文献研究农业支持保护补贴对粮食生产的影响。

此外，相关研究尚未得出一致结论，一些研究认为农业补贴能够显著促进粮食生产（彭澧丽 等，2014），特别是促进贫困地区粮食生产（王欧 等，2014）；但也有一些研究得出了相反的结论，认为农业补贴方式是普惠式的，所有农民都能领取到这项补贴，但是补贴未必用于粮食生产，因而补贴对粮食生产、农户种粮意愿的促进作用非常有限（黄季焜 等，2011；靳庭良，2013）。出现上述争议可能是因为农业补贴对粮食生产的影响受到不同客观条件的制约，因而呈现出较大的差异。事实上，农业补贴政策作用下农户粮食种植决策可能并不是完全取决于主观意愿，而是受到土地经营规模、自然地理条件、经济发展状况及市场环境等一系列因素的影响。现有研究较少系统考虑各项资源约束条件的作用。

因此，本章基于江苏、河南、山东、安徽、四川、辽宁 6 省 326 份农户调查数据，实证分析农业支持保护补贴对农户粮食种植意愿的影响，以及粮食种植规模、村庄耕地地形及村庄地理位置等资源约束条件在上述影响中的作用机制。本章研究有助于加深理解农业支持保护补贴对粮食生产的影响，对进一步完善和优化农业补贴政策具有重要的参考价值。

第二节 理论分析

2016 年 5 月，农业"三项补贴"改革之后，农业支持保护补贴分为耕地地力保护补贴和适度规模经营补贴，补贴对象是拥有耕地承包权的种地农民和粮食适度规模生产经营者。为克服"三项补贴"逐步变为收入补贴的问题，耕地地力保护补贴和适度规模经营补贴分开发放。

其中，耕地地力保护补贴的资金来源是种粮直补资金、农作物良种补贴资金和农资综合补贴的存量资金。对于耕地地力保护补贴标准，各省可以依据原二轮承包耕地面积来平均分配耕地地力保护补贴的资金，也可以根据确权耕地面积、粮食种植面积或者粮食产量来确定每亩补贴金额，具体以哪一种或哪几种类型，可以根据财政拨发的补贴资金结合地区农业发展状况来做决定。为了克服原"三项补贴"演变成普惠式的脱钩补贴的缺点，避免很多不种地甚至不种粮的农户也能领取补贴，林地、长年抛荒地、养殖场使用的耕地等不再是补贴的依据，力求保证耕地地力保护补贴专款专用。在补贴发放方式上，耕地地力保护补贴借鉴了"三项补贴"的发放方式，通过现金直补的方式将补贴金额直接通过一卡通发放给农户。

而农业适度经营规模补贴的主要资金来源是农资综合补贴存量资金和增量资金。农业适度经营规模的补贴对象偏向于种粮大户、家庭农场、农民合作社等新型农业经营主体。建立完善的农业信贷担保体系是适度规模经营补贴的重点，农业信贷担保体系的建立有利于解决种粮大户、家庭农场等规模化经营主体面临的"融资难""融资贵"问题。在补贴方式上，除了与耕地地力保护补贴类似的现金直补以外，农业适度规模经营补贴还包括贷款贴息、以奖代补、担保补助、重大技术推广等多种方式，其补贴款项的发放也相应地多样化，不再局限于通过农户一卡通打卡受补这种单一的方式。

为考察农业支持保护补贴对农户粮食种植决策的影响，将农户净货币收入函数简化为：

$$\max \pi = PF(q, Land) - p \times q - w \times Land。$$

其中，P 是粮食价格，F 是生产函数，p 是要素价格，q 是除土地之外的要素投入，w 是土地价格，$Land$ 是土地投入。农户利润最大化时存在 $PF'(q^*, Land) = p$ 和 $PF'(q, Land^*) = w$。

在发放农业支持保护补贴的过程中，绝大部分省份首先确定农业支持保护补贴总金额，然后将补贴总金额逐级分解到户，最终确定每亩的农业支持保护补贴额度。为力求克服原"三项补贴"逐渐变为收入补贴的缺点，耕地地力保护补贴的具体实施方法直接与承包耕地面积、确权面积、主要粮食作物的种植面积或者产量相挂钩,例如,山东、辽宁、山西等省份以实际种粮面积为依据发放补贴,贵州、内蒙古则以计税粮食总产量为依据发放补贴;而农户能否获得农业经营规模补贴则取决于其实际生产经营规模。可见,无论是耕地地力保护补贴还是农业经营规模补贴,都与农户家庭农业生产经营面积直接相关。因而,可以假设农业支持保护补贴与土地投入相挂钩,农户得到的补贴额为 $Sub \times Land$,那么农户目标函数调整为:

$$\max \pi = PF(q, Land) - p \times q - w \times Land + Sub \times Land。$$

农户利润最大化时的条件变为 $PF'(q^*, Land) = p$ 和 $PF'(q, Land^*) = w - Sub$,如图6-1所示,假设其他投入要素不变,受补贴的影响,土地投入由 $Land_1^*$ 增加至 $Land_2^*$。即在追求高额利润的驱动下,农业支持保护补贴可能会增强农户种粮意愿,促进粮食生产。

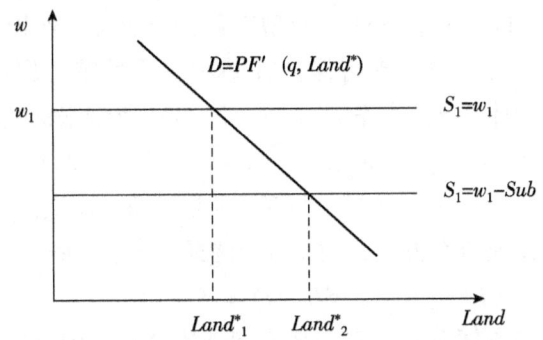

图6-1 农业支持保护补贴与农户粮食种植决策

值得注意的是,上述农业支持保护补贴对农户种粮意愿的影响可能会受到粮食种植规模、村庄耕地地形、村庄地理位置等资源条件的制约(徐志刚 等,2017;贾娟琪 等,2017)。一是粮食种植规模的影响。相较于粮食种植规模较小的农户,粮食种植规模较大的农户可能会更倾向于增加粮食种植面积,实现规模化集中连片种植和集约化,以降低生产成本并提高生产效益。而粮食种植规模较小的农户获取规模效益较难,这类农户则会基于粮食作物和经济作物的比较收益来调整种植结构,减少粮食种植面积。即粮食种植规模越大的农户可能越倾向于增加粮食种植面积。二是村庄耕地地形的制约。在平原耕地面积比例更高的地区,农业机械作业易于替代人力劳动,农业机械实际应用水平较高,农机服务的增加能够有效提升粮食生产规模效益;而在丘陵、山区等平原各地面积比例较低的地区,农业机械替代人力劳动的难度较大,农户更倾向于种植收益较高的经济作物,减少粮食种植面积。三是村庄地理位置的影响。相比粮食作物，经济作物的市场容量有限，再加上储存、运输的难度，经济作物种植更多地偏好于交通便利的城市近郊。因此，相较于普通村庄，处于城郊结合地及乡镇驻地的村庄更倾向于减少粮食作物种植面积。

第三节 模型与变量

一、模型与变量

在本章所使用的数据中，农户种粮意愿分为"粮食种植面积减少""粮食种植面积保持不变""粮食种植面积增加"3 种情况，因此，选择多项选择 Logit（multinomial logit，MNL）模型来分析农业支持保护补贴对农户种粮意愿的影响。为了检验农业支持保护补贴对农户种粮意愿的影响，使用随机效用法，假设个体 i 选择方案 j（$j=1$，2，3）所带来的随机效应为：

$$U_{ij} = x'_i \beta_j + \varepsilon_{ij}, i = 1,2,\cdots,n; j = 1,2,3。$$

其中，解释变量 x_i 只随个体 i 而变，不随方案 j 而变。个体 i 选择方案 j 带来的效应高于其他所有方案，故个体 i 选择方案 j 的概率可以写为：

$$P(y_i = j \mid x_i) = P(U_{ij} \geq U_{ik}, \forall k \neq j) = P(\varepsilon_{ik} - \varepsilon_{ij} \leq x'_i \beta_j - x'_i \beta_k, \forall k \neq j)。$$

假设 $\{\varepsilon_{ij}\}$ 独立同分布，且服从 I 型极值分布，则可以证明：

$$P(y_i = j \mid x_i) = \frac{\exp(x'_i \beta_j)}{\sum_{k=1}^{j} \exp(x'_i \beta_j)}。$$

显然，选择各项方案的概率之和为 1。假设 "2 = 粮食种植面积保持不变" 作为 "参照方案"，令其相应系数 $\beta_2 = 0$。由此，个体 i 选择方案 j 的概率可以写为：

$$P(y_i = j \mid x_i) = \begin{cases} \dfrac{\exp(x'_i \beta_1)}{1 + \exp(x'_i \beta_1) + \exp(x'_i \beta_3)} & (j = 1) \\[2ex] \dfrac{1}{1 + \exp(x'_i \beta_1) + \exp(x'_i \beta_3)} & (j = 2) \\[2ex] \dfrac{\exp(x'_i \beta_3)}{1 + \exp(x'_i \beta_1) + \exp(x'_i \beta_3)} & (j = 3) \end{cases}。$$

此模型为 MNL 模型，可用 MLE 进行估计。假设方案 "2 = 粮食种植面积保持不变"为"方案2","方案2"与"方案j ($j=1$或3)"二者必然发生其一,则在此条件下,"方案j ($j=1$或3)"发生的概率为:

$$P(y = j \mid y = 2 \text{ or } j) = \frac{\exp(x'_i \beta_j)}{1 + \exp(x'_i \beta_j)} \circ$$

故"概率比"或者"相对风险"为:

$$\frac{P(y = j)}{P(y = 2)} = \exp(x'_i \beta_j) \circ$$

对数概率比为:

$$\ln\left[\frac{P(y = j)}{P(y = 2)}\right] = x'_i \beta_j \circ$$

y为农户种粮意愿,$j=1$,2,3,其中,1="粮食种植面积减少"、2="粮食种植面积保持不变"和3="粮食种植面积增加"。令$\pi_1 = P(y=1)$和$\pi_3 = P(y=3)$,则$\pi_1 + \pi_2 + \pi_3 = 1$。设置如下基准的回归方程:

$$\begin{cases} logit(p_1) = \alpha_{i1} + \beta_{i1} Sub_i + \gamma_{i1} X_i \\ logit(p_3) = \alpha_{i3} + \beta_{i3} Sub_i + \gamma_{i3} X_i \end{cases} \circ$$

在上述模型中,$p_1 = \frac{\pi_1}{\pi_2}$, $p_3 = \frac{\pi_3}{\pi_2}$。$Sub_i$为农户$i$的农业支持保护补贴,$X_i$为影响农户$i$种粮意愿的一组控制变量,$\alpha$,$\beta$为待估系数。

为了进一步检验粮食种植规模、村庄耕地地形、村庄地理位置在农业支持保护补贴对农户种粮意愿的影响中所起的作用,在以上模型的基础上分别引入了粮食种植规模、平原面积比例、村庄地理位置与农业支持保护补贴的交互项,调整后的模型形式如下:

$$\begin{cases} logit(p_1) = \alpha_{i1} + \beta_1 Sub_i \times S_i + \beta_2 Sub_i \times T_i + \beta_3 Sub_i \times R_i + \beta_{i1} Sub_i + \gamma_{i1} X_i + \varepsilon_i \\ logit(p_3) = \alpha_{i3} + \beta_1 Sub_i \times S_i + \beta_2 Sub_i \times T_i + \beta_3 Sub_i \times R_i + \beta_{i3} Sub_i + \gamma_{i3} X_i + \varepsilon_i \end{cases} \circ$$

其中,$p_1 = \frac{\pi_1}{\pi_2}$, $p_3 = \frac{\pi_3}{\pi_2}$。$Sub_i$为农户$i$的农业支持保护补贴,$S_i$为农户$i$的粮食种植规模,$T_i$为平原面积比例,$R_i$为村庄地理位置,$X_i$为一系列控制变量,$\alpha$、$\beta$和$\gamma$为待估系数。对上述模型进行不相关选择独立性假设(IIA)检验,结果表明 MNL 模型能够满足 IIA 假设。

主要变量说明如表6–1所示。

表6-1 主要变量说明

变量	变量说明
农户种粮意愿	农户家庭种粮面积预期变化情况（1=粮食种植面积减少；2=粮食种植面积保持不变；3=粮食种植面积增加）
农业支持保护补贴	单位面积所获得的农业支持保护补贴金额（元/亩）
性别	户主性别（1=男；0=女）
年龄	户主年龄（周岁）
受教育程度	户主教育程度（1=未上学；2=小学；3=初中；4=高中；5=大学及以上）
家庭务农人数	农户家庭务农总人数（人）
农业收入比例	农业收入占家庭总收入的比例（%）
粮食销售价格	农户家庭粮食销售价格（元/斤①）
粮食种植规模	农户家庭粮食种植总面积（亩）
平原面积比例	农户所在村庄平原耕地面积占总耕地面积的比例（%）
村庄地理位置	村庄地理位置（1=普通乡村；2=城郊结合地；3=既是城郊结合地又是乡镇驻地）
道路交通条件	农户对村庄道路交通的满意度（1=非常不满意；2=不太满意；3=一般；4=比较满意；5=非常满意）
农业生产服务	农户能否获得村庄提供的农业生产服务（1=能；0=不能）

二、数据与描述性统计

本章所使用的农户微观调研数据来自课题组于2017年7—9月在江苏、安徽、山东、四川、河南、辽宁六省开展的实地调查。该六省均为产粮大省，对其进行调查能够较好地代表中国东部、东北、中部和西部地区不同的经济发展水平和人口密度，地区跨度大，分布范围广，能够增强样本的异质性。本次调查共获得有效调查问卷326份。平原面积比例数据来自于国家基础地理信息中心平台，参照周成虎等（2009）和程维明等（2009）将地势起伏度作为划分地貌类型的第一层标准，基于1:25万尺度的DEM，采样单元为4 km²，将起伏度小于30 m作为平原地形来计算各个样本县（市、区）的平原面积占比。

主要变量描述性统计结果如表6-2所示。

---

① 1斤=500 g。

表6-2 变量描述性统计

变量	粮食种植面积减少		粮食种植面积不变		粮食种植面积增加	
	均值	标准差	均值	标准差	均值	标准差
农业支持保护补贴	96.88	15.90	119.11	9.46	128.76	13.47
性别	0.97	0.16	0.98	0.13	0.98	0.15
年龄	63.56	7.64	51.28	9.77	45.01	8.65
受教育程度	1.71	0.77	2.80	1.01	3.54	1.08
家庭务农人数	1.57	0.64	2.40	1.19	3.36	1.53
农业收入比例	9.26	11.28	31.29	42.38	50.71	35.62
粮食销售价格	1.03	0.17	1.12	0.21	1.13	0.17
粮食种植规模	10.24	12.46	7.70	9.53	6.64	5.35
平原面积比例	45.32	32.14	52.06	23.78	83.46	18.67
村庄地理位置	2.70	0.45	1.75	0.45	1.11	0.31
道路交通条件	1.90	1.05	2.99	1.15	3.65	1.09
农业生产服务	0.27	0.44	0.39	0.49	0.59	0.49

第四节 实证分析

表6-3报告了基准模型的回归结果。在不考虑粮食种植规模、平原面积比例及村庄地理位置约束的情况下，相比粮食种植面积保持不变，农业支持保护补贴对粮食种植面积减少有负向影响，对粮食种植面积增加有正向影响，且两者分别在5%和1%的统计水平上显著，这表明农业支持保护补贴总体上会增强农户粮食种植意愿，有利于粮食生产。

其余控制变量的影响大多符合理论预期。在户主个体特征上，相比粮食种植面积保持不变，户主年龄显著正向影响粮食种植面积减少，且显著负向影响粮食种植面积增加，这表明随着户主年龄的增长，农户粮食种植意愿会降低。可能的原因是农户年龄越大，体力越差，也越倾向于减少粮食种植面积。在家庭特征上，农业收入比例同时负向影响粮食种植面积减少与粮食种植面积增加，且对前者的影响在10%的统计水平上显著，这表明农业收入比例较高的农户更多的是保持粮食种植面积不变。粮食销售价格对农户减少粮食种植面积的概率有负向影响，即粮食销售价格越高，农户当期减少粮食种植面积的概率越小。在村庄特征上，平原面积比例对粮食种植面积增加的影响均为正，且在1%的统计水平上显著，即耕地平原面积比例越大，农户增加粮食种植面积的概率越大，可能的原因在于耕地越平坦，机械化的推广越容易，机械替代劳动的难度越低。村庄地理位置正向影响粮食种植面积减少，负向影响粮食种植面积增加，且两者均在1%的统计水平上显著，这表明越靠近既是城郊又是乡镇驻地的村庄，农户的粮食种植意愿越低。可能的原因在于，既是城郊又是乡镇驻地的村庄，其经济更发达，居民收入水平更高，农产品的市场容量也更高，再加上交通便利，因此，越靠近城郊的村庄越倾向于减少种植粮食作物，增加种植比较收益较高的经济作物。

表6-3 基准模型回归结果

变量	面积减少	面积增加
农业支持保护补贴	-0.210*** (0.078)	0.108*** (0.034)
性别	0.340 (1.523)	-2.055 (2.641)
年龄	0.095** (0.041)	-0.120*** (0.038)
受教育程度	-0.550 (0.511)	0.236 (0.290)
家庭务农人数	-0.177 (0.487)	0.338 (0.241)
农业收入比例	-0.076** (0.038)	-0.013 (0.010)
粮食销售价格	-2.314** (1.119)	0.120 (0.908)
粮食种植规模	0.006 (0.032)	-0.081 (0.060)
平原面积比例	1.914 (1.327)	6.542*** (1.367)
村庄地理位置	7.721*** (2.381)	-4.013*** (0.673)
道路交通条件	0.251 (0.416)	-0.444 (0.292)
农业生产服务	0.210 (1.033)	-0.704 (0.575)
Constant	0.118 (8.081)	-3.799 (4.799)
Observations	326	
R^2	0.777	
Chi-square	552.608	
Log likelihood	-73.836	

注：*、**和***分别表示在10%、5%和1%的水平上显著，括号内数字为标准误。

表6-4报告了考虑粮食种植规模、平原面积比例及村庄地理位置约束条件下的回归结果。表6-4中（1）、（2）列单独加入粮食种植规模与农业

支持保护补贴的交互项。规模约束下的回归结果显示，相比粮食种植面积保持不变的概率，农业支持保护补贴对粮食种植面积减少的概率有负向影响，对粮食种植面积增加的概率有正向影响，且二者均在1%的水平上显著，这表明农业支持保护补贴总体上会增强农户粮食种植意愿，促进粮食种植面积增加。而粮食种植规模和农业支持保护补贴的交互项对粮食种植面积减少的概率有负向影响，对粮食种植面积增加的概率有正向影响，且后者在1%的统计水平上显著，说明农业支持保护补贴能够显著提高种植规模较大的农户的种粮意愿，进一步增加规模经营农户的粮食种植面积。

表6-4中（3）、（4）列单独加入平原面积比例与农业支持保护补贴的交互项。地形约束下的回归结果显示，相对粮食种植面积保持不变的概率，农业支持保护补贴对粮食种植面积减少的概率有负向影响，且在5%的统计水平上显著，这表明农业支持保护补贴能够显著降低粮食种植面积减少的可能性。平原面积比例和农业支持保护补贴的交互项对粮食种植面积增加的概率有显著的正向影响，说明农业支持保护补贴能够显著促进平原面积比例较大地区的农户扩大粮食种植面积。机械能够缓解劳动力不足对粮食生产的限制，相比丘陵与山区，平原地区机械替代劳动的难度较小，而平原地区较多的机械使用可能会提高农户种粮意愿，推动农户将种植结构更多地向粮食作物调整，扩大粮食播种面积。

表6-4中（5）、（6）列单独加入村庄地理位置与农业支持保护补贴的交互项。村庄地理位置约束下的回归结果显示，相比粮食种植面积保持不变，农业支持保护补贴对粮食种植面积增加有正向影响，且在1%的统计水平上显著，说明农业支持保护补贴能够显著提高农户粮食种植意愿，促进粮食种植面积增加。村庄地理位置和农业支持保护补贴的交互项对粮食种植面积增加有显著的负向影响，这表明农业支持保护补贴会显著降低城郊结合地及既是城郊结合地又是乡镇驻地的村庄的农户种粮意愿。粮食作物相较于水果蔬菜等经济作物而言，生产周期较长，销售时间较为固定，即使在偏远地区种植和销售的风险也相对较小。而经济作物对市场容量和物流的要求都高于粮食作物，因而，越是靠近城市近郊种植风险和销售风险越低，即较大的农产品市场容量会增强种植结构向粮食调整的难度，从而弱化农业支持保护补贴对农户扩大粮食种植规模的意愿的影响。因此，越是处于农产品市场容量较小的普通村庄越倾向于增加粮食种植面积，越是处于农产品市场容量较大的城郊结合地越倾向于减少粮食作物种植面积、

增加经济作物种植面积。

表6-4中（7）、（8）列同时加入了粮食种植规模、平原面积比例和村庄地理位置与农业支持保护补贴的交互项。模型估计结果表明，相比粮食种植面积保持不变，农业支持保护补贴负向影响粮食种植面积减少，正向影响粮食种植面积增加，但后者不显著，这表明农业支持保护补贴能够显著降低农户减少粮食种植面积的可能性，使粮食种植面积保持不变或增加。粮食种植规模与农业支持保护补贴的交互项显著正向影响粮食种植面积增加，即经营规模较大的农户随着补贴的增加而扩大粮食种植规模的可能性更大。规模约束下的回归结果也揭示了此结论。平原面积比例与补贴的交互项负向影响粮食种植面积减少，正向影响粮食种植面积增加，且两者分别在5%和10%的统计水平上显著，说明越是位于地势平坦地区的农户，随着补贴增加扩大粮食种植规模的可能性越大，减少粮食种植规模可能性越小。地形约束下的回归结果也揭示了此结论。村庄地理位置与补贴的交互项显著正向影响粮食种植面积减少，即处于城郊的农户随着补贴增加而缩减粮食种植规模的可能性越大。此结论与村庄地理位置约束下的回归结果一致。

表6-4 考虑资源禀赋约束条件下的模型回归结果

变量	规模约束下回归结果		地形约束下回归结果		地理位置约束下回归结果		综合效应回归结果	
	减少种粮面积的概率	增加种粮面积的概率	减少种粮面积的概率	增加种粮面积的概率	减少种粮面积的概率	增加种粮面积的概率	减少种粮面积的概率	增加种粮面积的概率
	(1)	(2)	(3)	(4)	(5)	(6)	(7)	(8)
农业支持保护补贴	-0.158***	0.186***	-0.382**	-0.123	1.100	0.518**	-1.582**	0.018
	-0.052	-0.047	-0.172	-0.091	-1.149	-0.191	-0.63	-0.124
粮食种植规模×补贴	-0.001	0.006***	—	—	—	—	0.004	0.014***
	-0.003	-0.002	—	—	—	—	-0.008	-0.005
平原面积比例×补贴	—	—	0.332	0.358**	—	—	-1.757**	0.456*
	—	—	-0.229	-0.164	—	—	-0.724	-0.236
村庄地理位置×补贴	—	—	—	—	-0.664	-0.227**	0.101*	0.039
	—	—	—	—	-0.578	-0.096	-0.052	-0.032

续表

变量	规模约束下回归结果		地形约束下回归结果		地理位置约束下回归结果		综合效应回归结果	
	减少种粮面积的概率	增加种粮面积的概率	减少种粮面积的概率	增加种粮面积的概率	减少种粮面积的概率	增加种粮面积的概率	减少种粮面积的概率	增加种粮面积的概率
	(1)	(2)	(3)	(4)	(5)	(6)	(7)	(8)
性别	3.117*	-1.292	2.766	-2.003	0.108	-2.086	-0.896	-3.266
	-1.866	-1.198	-1.744	-1.357	-1.607	-2.152	-1.712	-4.233
年龄	0.070***	-0.037*	0.065**	-0.057**	0.077**	-0.092***	-0.09	-0.246**
	-0.027	-0.021	-0.027	-0.025	-0.038	-0.031	-0.141	-0.12
受教育程度	-0.685**	0.244	-0.690**	0.409*	-0.368	0.136	-1.087	0.247
	-0.295	-0.189	-0.301	-0.226	-0.461	-0.236	-0.777	-0.314
家庭务农人数	-0.172	0.098	-0.206	0.006	-0.143	0.161	0.265	0.289
	-0.273	-0.150	-0.278	-0.189	-0.478	-0.204	-0.586	-0.267
农业收入比例	-0.029*	-0.006	-0.029*	0.018**	-0.049	-0.006	-0.103**	-0.016
	-0.017	-0.005	-0.017	-0.008	-0.034	-0.008	-0.049	-0.011
粮食销售价格	-1.257*	0.164	-1.238*	-0.457	-2.559**	0.552	-3.479**	0.327
	-0.759	-0.62	-0.733	-0.657	-1.26	-0.761	-1.58	-0.949
粮食种植规模	0.166	0.722***	—	—	—	—	-0.489	1.552***
	-0.308	-0.252	—	—	—	—	-0.908	-0.560
平原面积比例	—	—	-37.315	36.468*	—	—	-19.698**	47.877*
	—	—	-26.170	-19.626	—	—	-8.202	-27.977
村庄地理位置	—	—	—	—	85.319	-23.473**	15.348**	-3.980***
	—	—	—	—	-72.516	-11.483	-7.393	-0.716
道路交通条件	-0.324	0.005	-0.339	-0.200	0.244	-0.218	-5.295*	-2.426
	-0.224	-0.178	-0.218	-0.209	-0.373	-0.249	-3.033	-1.616
农业生产服务	0.472	-0.146	0.473	-0.248	-0.326	-0.600	1.426	-0.778
	-0.520	-0.372	-0.528	-0.437	-0.991	-0.492	-1.396	-0.602
Constant	12.157**	20.329***	38.256*	14.198	-151.439	-50.953**	151.251**	15.103
	-6.176	-5.628	-19.913	-11.163	-144.228	-22.767	-64.521	-16.619
Observations	326		326		326		326	
R^2	0.791		0.582		0.736		0.815	
Chi-square	355.926		414.497		523.873		580.336	

注：*、**和***分别表示在10%、5%和1%的水平上显著，括号内数字为标准误。

第五节 本章小结

本章基于江苏、安徽、山东、四川、河南和辽宁六省326份农户调查数据，实证分析农业支持保护补贴对农户粮食种植意愿的影响及其约束条件。研究结果表明，农业支持保护补贴对粮食种植面积减少有显著负向影响，对粮食种植面积增加有显著正向影响，能够显著增强农户粮食种植意愿，有利于粮食生产。农业支持保护补贴对农户种粮意愿的影响还会受到农户粮食种植规模、平原面积比例及村庄地理位置等约束条件的影响。粮食种植规模较大、平原面积比例较高、远离城郊都会不同程度地强化农业支持保护补贴对农户种粮意愿的正向作用。

农业补贴政策是中国稳定农业生产、提高农民收入的重要宏观调控工具。根据研究结论，第一，应继续加大农业支持保护补贴力度，保证补贴的持续性和稳定性。中央和地方财政应继续加大对农业支持保护补贴资金的投入力度，建立稳定的补贴增长机制；为保障政策实施的效率，要适当地增加县乡政府的政策实施经费，使之与补贴的分配比例相挂钩；要将农业支持保护补贴这项政策变为长期的政策，形成激励粮食生产和支持农民增收的长效机制，充分保障农业支持保护补贴的政策功能。

第二，突出农业支持保护补贴的补贴重点，制定差别式的补贴方案。应进一步明确农业支持保护补贴范围、标准，加大农业支持保护补贴力度的同时，补贴政策的设计应更多地考虑如何突出补贴重点，增强补贴的灵活性。具体措施包括：对不同种植规模的粮农制定不同的补贴标准，小农户与种粮大户的补贴额度应有差别，深化种粮大户补贴机制，可以尝试对规模化经营的农户实施累进补贴政策，鼓励大户做大做强；补贴应向更加有利于扩大规模的平原地区倾斜，以提高补贴效率，同时要促进实用性的农业机械的研发和推广，尤其是适用于山地、丘陵地区的中小型农机具，降低地形因素对补贴政策效果的制约；补贴要突出区域特色，充分考虑不同地区的农产品市场容量，在城郊地区需要鼓励农户调整农业生产结构，强化对农户高附加值经济作物生产技术的培训，为农户转变农业发展方式提供技术支撑和服务。

第三，积极做好农业支持保护补贴政策的配套措施。农业支持保护补贴不是一项孤立的政策，补贴的效果也依赖于各种影响农业生产的因素，应加强各种因素之间的协调，共同服务于农业补贴政策目标的实现。具体措施包括：改善农村基础设施建设，优化村庄道路交通状况，加大对农村公路养护的投入；大力发展县域经济，实现农民就近转移就业，防止农村劳动力外流，保证务农劳动力的数量；健全粮食流通市场，稳定粮食价格；政府应积极构建并完善农业公共服务体系，增强村庄提供生产性服务的能力，通过政府购买服务等方式鼓励规模经营主体承接农资供应、基础设施管理防护等社会化农业生产服务，同时对农业企业、农业院校和科研院所等提供的农业生产服务给予支持。

第七章 粮食产后收储模式选择及影响因素

第一节 引 言

粮食作为生活必需品，上牵亿万农户，与"三农问题"密切关联，下连亿万国民，与公众的膳食营养及饮食安全息息相关。特别是近年来，随着新型工业化、信息化、城镇化和农业现代化同步推进，"方便、美味、可口、实惠、营养、安全、健康、个性化、多样性"的产品新需求，以及"智能、节能、低碳、环保、绿色、可持续"的产业新要求已成为食品产业发展的"新常态"，也对食品加工制造产业科技发展提出了新的挑战。

在粮食储运技术方面，亟待建立适宜中国国情、粮情和农业现代化要求的新型粮食收储模式和技术体系，创新一批粮食收购、储藏、装卸、运输作业的新技术新装备，降低粮食收储环节损失，减少玉米霉变率，提高稻谷绿色保险储存比例，为确保储粮安全和现代粮食收储运提供技术支撑，具有重要的战略意义。

基于此，本章以稻谷、玉米、小麦三大粮种为研究对象考察粮食产后机械化收储技术模式及技术应用，研究有利于促进粮食产后机械收储运一体化模式的示范和推广，提升粮食产后系统的技术进步水平，减少粮食产后系统的可控性损失，极大地促进粮食生产现代化和粮食流通现代化。

第二节 概念界定与文献综述

一、概念界定

粮食产后系统是整个粮食经济系统的一个子系统。粮食经济系统涵盖了整个粮食再生产过程，它从粮食生产的要素供应与投入开始，一直延伸到粮食消费过程的结束。具体而言，整个粮食经济系统由3个子系统构成：①粮食产前系统；②粮食生产系统；③粮食产后系统。其中，粮食产前系统为粮食生产提供必需的生产要素，包括土地、资金、劳动力、技术、信息、农业生产资料及农业生产基本条件等。粮食生产系统将这些要素进行组合和配置，转化为一定的粮食产品。粮食产后系统则是将粮食产品收获起来转化为最终消费品的一个系统。因此，粮食产后系统连接着粮食生产与消费，以生产过程的终结为起点，以消费过程的起点为终点。

粮食产后系统包括收割、脱粒、清粮、干燥、储存、加工、运输等环节。在粮食总产量中，部分粮食产后处理从头到尾是由农户独立经营的；还有部分粮食是在农户处理的基础上，由国家收购后，再继续完成其余环节。在一些地少人多、乡镇工业落后、人均收入偏低的地区，整个粮食产后的处理过程主要依靠人力和自然条件，形成一种技术水平低、机械化程度低的收储模式；而在一些经济较发达、劳动力有稳定出路的地区，由于土地相对集中，经营规模较大，形成一种较先进的机械化程度较高的粮食产后收储模式。如何根据各地不同的技术经济条件和粮田生产经营规模，合理地选用、改进和完善粮食产后收储模式及技术应用，是粮食产后处理中必须解决的理论问题和实际问题。

二、文献综述

（一）国外有关研究及进展

美国、加拿大、澳大利亚等主要粮食生产和出口国，在粮食种植、收获、收储运和质量安全检测等方面都已经形成了较为完整的运营模式和技术应用体系，粮食从田间种植到收获、储存、干燥、加工和出口，都实现了机械化作业、一体化运营。例如，美国 ADM（Archer Daniels Midland）、邦吉（Bunge）、嘉吉（Cargill）等大型国际知名粮食公司，构建了从种子、化肥、田间机械化收获，到清理、储存、运输及生产加工一体化的高效收储运和质量监管体系，实现了粮食质量全过程监管、粮食流通高效化作业。这些现代化的粮食收储运技术和质量监管体系，为美国实现粮食产业化经营、增加产量和利润率、改善农产品品质、保持国际市场竞争力等方面发挥着重要作用。

国外对于粮食产后技术模式的相关研究始于 20 世纪 70 年代，主要侧重于从保持营养、减少浪费的角度对粮食产后收储技术及应用进行评估，并且取得了显著成效。Yahia 等（2004）从保持营养和减少浪费的角度，描述并评价了当前用于粮食收获后降低粮食损失的一些技术和处理方式，并研究开发新的粮食产后收储处理技术以降低粮食损失浪费。Hodges 等（2010）从粮食损耗的角度对发达国家和发展中国家粮食产后收储技术模式做出了系统评估。FAO（2011）对全球不同地区的粮食产后收储模式及损失、浪费率做出了评估，他们认为中国粮食产后收储模式损失率约为 14.5%，其中收割及储藏环节为 8.0%，加工和包装环节为 3.5%，流通运输环节为 2.0%，消费环节为 1.0%。

（二）国内有关研究及进展

粮食产后收储运作业大致可以分为田间收获环节、从田间收获到入库前的整理环节、入库储藏到加工环节。在粮食田间收获环节，随着现代农业机械迅猛发展并广泛应用，目前粮食机械化收割率已达 90% 以上。在粮食入库储藏环节中，从 20 世纪 90 年代开始，随着国家机械化粮库、世行贷款改善中国粮食流通项目、国储库，以及近几年粮食现代物流基础设施建设和粮安工程建设等项目的实施，研发应用了库内粮食绿色储藏、质量安全检测、信息化管控等相关配套技术及装备，技术水平都有很大提高，粮食储藏技术已经位于国际前列。

而粮食收获后到入粮库前的整理环节，介于农业和粮食两个不同行业部门管理的相对空白区，存在经营主体多样、经营模式变化迅速、作业粗放、机械化水平低、粮食损失特别严重等突出问题，严重制约着粮食产业市场竞争力。前期国家对农户收储的研究和投入虽然在当时起到了显著效果，但当前已经不能适应粮食规模化经营的要求。因此，这个环节是最需要进行针对性研究的关键环节，也是实现粮食供给侧结构性改革、保证粮食源头质量安全和减损的最基础环节。

20 世纪 90 年代开始，国内也开始了粮食产后收储技术模式及损失浪费的相关调查与研究，并且提出了若干对策建议。曹宝明（1997）描述粮食产后收储技术模式，并据此对粮食产后损失进行系统测度。曹宝明和姜德波（1999）进一步分析江苏省粮食产后收储方式及损失浪费的状况、原因，并提出了相应的对策措施。黄祖辉和王小琴（1990）对农村粮食产后处理的经营格局、规格、产后技术进步临界点和产后粮食利用效率等进行了技术经济分析。詹玉荣（1995）抽样调查了全国粮食流通方式、粮食产后收储技术模式及粮食产后损失浪费情况。巫幼华和徐润琪（2004）对现有生产流通体制条件下稻米收获及产后处理损失因素进行了全面分析。吕建华等（2008）考察了农户储粮技术模式及储粮损失状况，并提出了相应的对策建议。综上所述，国内对于粮食产后收储技术模式的研究主要集中于描述粮食产后收储方式并探析损失浪费的原因，鲜有文献对粮食产后收储技术模式和技术应用进行全面系统的定量研究。

(三) 研究述评

从已有研究来看，当前粮食产后收储技术模式研究仍有待进一步完善，一是许多调查在调查布点、抽样方式、环节界定、粮种选择、研究方法等方面存在不足，缺乏科学统计方法和系统研究；二是调查多为特定环节和部门内部的调查，不具有代表性和系统性；三是调查结论差别过大，数据不具有权威性；四是早期进行的较大规模的调查，距现在时间已经相对较长，参考价值不大。与以往相关研究不同，本章以稻谷、小麦、玉米这三大主要粮食品种为研究对象，按照不同地区、不同品种、不同环节、不同流通模式的自然、经济和技术特征，构建科学系统的粮食产后收储模式及技术应用理论框架体系。对粮食产后收储模式与技术应用调查评估的数据标准、数据规范、数据存储等问题进行统一解决，设计调查问卷并制定实施方案。对不同环节、不同品种、不同地区的粮食产后收储模式与技术应用水平进行调查评估，获得科学的基础数据。

第三节　调查设计与计量模型

一、调查设计

(一) 调查目的

为全面、准确掌握全国范围内粮食产后收储模式及技术应用状况，对农户、农村合作社、储备粮库及粮食加工企业进行调查，以客观评价稻谷、小麦、玉米从田间收获到干燥、清理、储藏、运输至收储企业各环节技术应用的详细状况，为建立适宜国情、粮情和农业现代化要求的新型粮食收储模式技术，减少种粮大户粮食收储损失，把控储粮源头质量，提供基础数据。

（二）调查要求

在收集整理国内外已有研究成果的基础上，编制调查评估实施方案和调查问卷，通过组织开展调查培训，统一调查模式和方法。明确调查对象，结合不同区域、不同粮食品种产后收储模式及技术应用情况，厘清不同收储模式技术应用及其影响因素之间的对应关系，在全国范围内先选取代表性强的重点区域确定示范点并开展实地调研、数据搜集及技术应用状况评价工作。结合小样本预调研结果，完善调查问卷。具体工作要求如下：

一是明确职责，加强协作。按照任务分工，密切配合，沟通协调，优势互补，资源共享，形成合力。

二是技术支持，质量控制。科学编制粮食产后收储模式及技术应用调查实施方案和调查问卷，厘清技术路线和工作步骤，严格控制调查评估的质量，组织好调查评估的培训工作。

三是精心组织，深入调查。制定相应的调查评估实施方案，突出分地区、分品种、分环节调查评估的特点，精心组织粮食产后收储模式技术应用调查工作，分析汇总调查评估成果。

（三）调查组织

粮食产后收储模式及技术应用调查应根据不同地区、不同粮种的特点，制定调查方案并组织调查实施，审核、处理、汇总分地区分粮种分环节调查数据，确保数据质量。

在调查组织过程中，首先对调查员进行持续一周的培训，包括对调查问卷的仔细讲解、角色扮演、与被访者的交流方式等方面的培训。然后在正式调查之前组织预调查，熟悉地方语言及问卷回收检查程序。在实地调研时，调查员将到被调查县市收集一手资料，完成问卷。而项目核心成员则在队伍下到实地前，与当地相关部门取得联系，争取他们的配合。

尽量控制调查时间，避免时间过长带来的信息偏误。同时，每个调查员的工作量也尽量安排得松紧适度，不会让调查员因太赶进度而忽视质量。同时，我们每天调研结束后，必须及时检查问卷，核对信息，及时回访，避免因书写等方面的问题带来无效问卷。

(四) 调查范围及调查内容

1. 调查范围

中国幅员辽阔，自然气候条件及人文环境不同，各地区粮食作物品种及产后处理模式差异较大，为了能够更好地考察粮食产后收储模式及技术应用情况，调查样本地区分布如表7-1所示。

表7-1 样本地区分布

地区	样本省份
北方地区	山东、山西、辽宁等
中原地区	河南等
南方地区	安徽、江苏、云南等

2. 调查内容

为全面、准确地掌握全国范围内粮食产后收储模式及技术应用状况，对农户、农村合作社、储备粮库及粮食加工企业进行调查，以客观评价稻谷、小麦、玉米从田间收获到干燥、清理、储藏、运输至收储企业各环节技术应用的详细状况。具体调查内容主要包括4个方面，一是农户层面，包括农户个体家庭特征、粮食种植基本情况、土地流转基本情况、节粮减损意识、粮食销售价格、农民技术水平等；农户粮食产后从田间收获、干燥、清理、储存、运输至收储企业采用的技术、作业方式、作业成本、作业效率及粮食损失等。二是农村合作社，包括农村合作社基本信息、主要粮食产品、生产经营情况、科技应用情况、组织结构、政策支持等；合作社粮食收获、干燥、清理、储存、运输等环节所采用的技术、作业方式、作业成本、作业效率及粮食损失等。三是储备粮库，即储备粮库基本信息、储存原粮种类、仓房类型、粮库周转情况、科技应用情况、经营情况、政策支持等；储备粮库粮食收获、干燥、清理、储存、运输等环节所采用的技术、作业方式、作业成本、作业效率及粮食损失等。四是粮食加工企业，包括粮食加工企业基本信息、企业资产负债情况、生产经营情况、科技应用情况、政策支持等；粮食加工企业粮食收获、干燥、清理、储存、运输等环节所采用的技术、作业方式、作业成本、作业效率及粮食损失等。主要调查内容如表7-2所示。

表7-2 主要调查内容

调查对象	调查内容
农户	①农户个体家庭特征、粮食种植基本情况、土地流转基本情况、节粮减损意识、粮食销售价格、农民技术水平等;②农户粮食产后从田间收获、干燥、清理、储存、运输至收储企业采用的技术、作业方式、作业成本、作业效率及粮食损失等
农村合作社	①农村合作社基本信息、主要粮食产品、生产经营情况、科技应用情况、组织结构、政策支持等;②合作社粮食收获、干燥、清理、储存、运输等环节所采用的技术、作业方式、作业成本、作业效率及粮食损失等
储备粮库	①储备粮库基本信息、储存原粮种类、仓房类型、粮库周转情况、科技应用情况、经营情况、政策支持等;②储备粮库粮食收获、干燥、清理、储存、运输等环节所采用的技术、作业方式、作业成本、作业效率及粮食损失等
粮食加工企业	①粮食加工企业基本信息、企业资产负债情况、生产经营情况、科技应用情况、政策支持等;②粮食加工企业粮食收获、干燥、清理、储存、运输等环节所采用的技术、作业方式、作业成本、作业效率及粮食损失等

(五) 样本概况

本章所使用的调研数据来自于课题组2018年7—9月在江苏、安徽、山东、河南、重庆、辽宁等地开展的实地调查。调查样本覆盖全国东部、中部、西南及东北地区,具有较强的代表性。此次调查采用随机抽样的方式选择样本农户,并采用一对一访谈的方式进行调查。调查数据的收集由高校在校本科生与研究生共同完成。经后期问卷复查和整理,共分别获得水稻、小麦及玉米农户样本385份、460份及392份。农户样本概况如表7-3所示。

表7-3 样本概况

变量	水稻	小麦	玉米
性别	0.93 (0.25)	0.91 (0.28)	0.94 (0.24)
年龄	57.73 (10.92)	56.74 (11.67)	55.49 (11.52)
受教育程度	6.81 (3.16)	7.00 (3.18)	7.16 (2.99)
家庭总人数	4.78 (1.83)	4.78 (2.05)	4.45 (1.63)
务农劳动力人数	2.24 (1.05)	2.27 (1.08)	2.19 (0.95)
家庭总收入	10.35 (10.04)	9.78 (10.26)	8.01 (6.82)

续表

变量	水稻	小麦	玉米
农业收入比例	27.00 (33.87)	25.36 (31.73)	26.89 (33.29)
种植规模	9.80 (33.02)	9.10 (30.34)	4.29 (7.47)
是否平原	0.61 (0.49)	0.82 (0.38)	0.40 (0.49)
是否乡镇或城郊	0.28 (0.45)	0.24 (0.43)	0.49 (0.50)
离县城距离	26.67 (6.02)	24.42 (6.11)	24.85 (8.96)
道路交通条件	2.63 (0.52)	2.57 (0.50)	2.48 (0.54)
政策了解程度	1.95 (0.68)	2.01 (0.65)	1.99 (0.64)

二、计量模型

（一）理论模型

粮食产后处理主要包括收获、脱粒、清理、干燥、储藏等环节，不同的产后处理环节排列组合为不同的收储模式。将粮食产后收储模式归纳为传统模式、基准模式、无储藏模式及无处理模式4种，则农户家庭粮食产后收储模式选择函数表达式如下：

$$Y_{ij} = F(X) = F(X_1, X_2, \cdots, X_n)。$$

其中，Y_{ij}表示农户i选择第j种产后处理模式，X为影响农户家庭粮食产后收储模式选择的一系列变量，包括农户个体家庭特征、种植规模、村庄特征等。在样本数据中，农户粮食产后收储模式包括传统模式、基准模式、无储藏模式及无处理模式4种，而对于多项离散选择模型的分析，可以采用MNL模型进行估计。假设农户面临m种粮食产后收储模式，则农户i选择收储模式j的概率为：

$$P(Y_{ik} = j) = \frac{\exp(\alpha_j X_i + \beta_j A_i + \gamma_j D_n + \delta_j K_i)}{\sum_{m=0}^{3} \exp(\alpha_m X_i + \beta_m A_i + \gamma_m D_n + \delta_m K_i)}。$$

其中，Y_{ik}表示农户选择的粮食产后收储模式，X_i为农户年龄、务农劳动力人数、家庭总收入、农业收入比例等个体家庭特征，A_i为粮食种植规模，D_n表示村庄特征，K_i为农户对有关政策的了解程度。

（二）模型变量与说明

借鉴已有文献，将主要影响农户粮食产后收储模式选择的因素归纳为以下几个方面：一是农户个体、家庭特征，包括性别、年龄、受教育年限、家庭总人数、家庭务农劳动力人数、家庭总收入、家庭农业收入比例等；二是粮食种植规模；三是村庄特征，包括是否平原、是否乡镇或城郊、离县城的距离、道路交通条件等；四是相关政策了解程度。具体变量选取及说明如表7-4所示。

表7-4 变量选取及说明

	变量	变量说明
因变量	收储模式	粮食产后收储模式
	是否机械收获	粮食收获是否采用机械的收获方式（1=是；0=否）
	是否干燥	粮食收获后是否进行干燥处理（1=是；0=否）
	是否储藏	粮食收获、干燥后是否进行储藏（1=是；0=否）
自变量	性别	户主性别（1=男；0=女）
	年龄	户主年龄（周岁）
	受教育程度	户主受教育年限（年）
	家庭总人数	农户家庭人口总数（人）
	务农劳动力人数	农户家庭务农劳动力总数（人）
	家庭总收入	农户家庭总收入（万元）
	农业收入比例	农户家庭农业收入占总收入的比例（%）
	种植规模	农户家庭粮食种植总面积（亩）
	是否平原	村庄所在区域是否为平原（1=是；0=否）
	是否乡镇或城郊	村庄所在位置是否为乡镇驻地或城郊（1=是；0=否）
	离县城距离	村庄所在位置距最近县城的距离（km）
	道路交通条件	村庄所在区域的道路交通条件（1=相对较差；2=一般；3=相对较好）
	政策了解程度	农户对国家大事、社会新闻及农业政策的关注程度（1=不太关注；2=一般；3=比较关注）

第四节 粮食收储可选技术方案

一、水稻收储模式及技术应用

基于调查问卷数据，农户收获水稻的方式主要为机械收获，但仍有少数农户采用人工收获方式。农户水稻干燥主要采取自然晾晒的方式，极少数采用机械干燥水稻。农户晾晒水稻前将水稻脱粒处置，晾晒水稻时平均温度为 30 ℃，平均晾晒时长为 25 h，日均翻料 4 次。农户最需要的干燥机械是连续性烘干塔，农户购买干燥机械时考虑最多的因素是价格和干燥效率，农户购买农机的主要目的是避免粮食霉变和提高干燥质量。此外，约有 50% 的农户收获干燥后直接销售稻谷，并不进行储藏。根据水稻产后收储环节及收储技术，形成水稻从收获到储藏、销售的可选技术方案共 10 种，详见表 7 - 5。

表 7 - 5　水稻收储可选技术方案

序号	收储环节	技术方案
1	收获—干燥—储藏	人工收获—自然晾晒—储藏
2		人工收获—机械烘干—储藏
3		机械收获—自然晾晒—储藏
4		机械收获—机械烘干—储藏
5	收获—干燥—销售	人工收获—自然晾晒—销售
6		人工收获—机械烘干—销售
7		机械收获—自然晾晒—销售
8		机械收获—机械烘干—销售
9	收获—销售	人工收获—销售
10		机械收获—销售

根据调查样本基本情况，淘汰不存在和不合理的技术方案，对样本地区农户实际采用的现有收储模式进行保留，包括仍有使用基础的落后收储技术模式、应用广泛的收储技术模式及使用人数不多但有巨大潜力的收储技术模式。通过上述筛选，最终保留 4 种水稻产后收储技术模式，详见表 7 - 6。

表 7 - 6　水稻主要收储模式

序号	收储环节	收储模式	模式类型
1	收获—干燥—储藏	人工收获—自然晾晒—储藏	传统模式
2		机械收获—自然晾晒—储藏	基准模式
3	收获—干燥—销售	机械收获—自然晾晒—销售	无储藏模式
4	收获—销售	机械收获—销售	无处理模式

其中,水稻收储模式定义为农户家庭所采用的最主要的水稻收储模式,例如,某农户家庭水稻种植面积共 10 亩,在水稻收储过程中,其中 9 亩采用"无储藏模式",1 亩采用"基准模式",则该农户家庭最主要的水稻收储模式为"无储藏模式"。从被调查的 385 个农户样本的基本情况来看,选择基准模式的农户样本数最多,共有 172 个,占样本总数的 44.68%,说明中国水稻产后处理过程中有将近一半的农户采用"机械收获—自然晾晒—储藏"的基准模式。选择无储藏模式的农户样本共有 117 个,占样本总数的 30.39%,可见,不少农户水稻机械收获、自然晾晒后就直接销售,并不进行水稻储藏。还有 71 个样本农户选择无处理模式,占样本总数的 18.44%,这类农户水稻机械收获后既不干燥,也不储藏,直接湿粮销售。选择传统模式的农户样本最少,只有 25 个,仅占样本总数的 6.49%,可见现阶段水稻产后收储中很少有农户会选择"人工收获—自然晾晒—储藏"的传统模式。农户水稻产后收储模式选择基本情况如表 7-7 所示。

表 7-7 水稻收储模式选择情况

	传统模式	基准模式	无储藏模式	无处理模式	合计
样本/个	25	172	117	71	385
比例	6.49%	44.68%	30.39%	18.44%	100.00%

在水稻产后处理各个环节中,选择机械收获的样本农户数为 360 个,占样本总数的 93.51%;收获后进行干燥处理的样本农户数为 314 个,占 81.56%;收获后进行储藏的样本农户数为 197 个,仅占 51.17%。可见,当前农户水稻收获基本上采用机械收获方式,多数农户收获后会进行干燥处理,但只有大约一半的农户会进行稻谷储藏。从农村与农户的实际情况来看,农村劳动力长期外出务工,减少农业劳动投入,农村越来越发达的商品经济促使农户家庭更倾向于从市场购买粮食,因此储藏粮食的农户可能越来越少,而且这种影响可能还会不断扩大。农户水稻产后收储技术应用基本情况如表 7-8 所示。

表 7-8 水稻收储技术应用情况

	人工收获	机械收获	干燥	储藏
样本/个	25	360	314	197
比例	6.49%	93.51%	81.56%	51.17%

二、小麦收储模式及技术应用

根据调查问卷所示,被调查农户目前采用的小麦收获方式主要为机械收获与人工收获两种,干燥方式有自然晾晒和阴干两种,调查农户中大多采用自然晾晒的方法去干燥小麦,少数采用阴干的方式去干燥小麦,无机械干燥方式。总体来看,农户在户外晾晒小麦时过夜晾晒的农户偏多,其中山西、安徽、四川的农户不过夜晾晒小麦的偏多,河南过夜和不过夜晾晒小麦的农户数量大致相等,其余省市过夜晾晒小麦的偏多。农户小麦晾晒温度集中在 25~35 ℃,晾晒时长均值为 15~28 h,农户日均翻料在 5 次以内,农户晾晒厚度为 1~5 cm。小麦晾晒总损失率为 8.77%,其中,鸟虫叮食和雨雪损失率约为 1.1%。根据调查样本基本情况,最终保留 6 种小麦产后收储模式,归纳为传统模式、无储藏模式、无干燥模式及无处理模式 4 种,详见表 7-9。

表 7-9 小麦主要收储模式

序号	收储环节	收储模式	模式类型
1	收获—干燥—储藏	人工收获—干燥—储藏	传统模式
2		机械收获—干燥—储藏	
3	收获—干燥—销售	人工收获—干燥—销售	无储藏模式
4		机械收获—干燥—销售	
5	收获—储藏	机械收获—储藏(暂存)	无干燥模式
6	收获—销售	机械收获—销售	无处理模式

从被调查的 460 个农户样本的基本情况来看,选择无储藏模式的农户样本数最多,共有 201 个,占样本总数的 43.70%,说明中国小麦产后处理过程中有将近一半的农户采用小麦收获、干燥后直接销售,并不进行小麦储藏。选择传统模式的农户样本共有 140 个,占样本总数的 30.43%,可见,仍有不少农户采用小麦收获、自然晾晒后就直接储藏。还有 81 个样本农户选择无处理模式,占样本总数的 17.61%,这类农户水稻机械收获后既不干燥,也不储藏,直接湿粮销售。选择无干燥模式的农户样本最少,只有 38 个,仅占样本总数的 8.26%,可见现阶段小麦产后收储中很少有农户会选择收获后不干燥而进行暂存,再择机加工或是销售。农户小麦产后收储模式选择基本情况如表 7-10 所示。

表 7-10　小麦收储模式选择情况

	传统模式	无储藏模式	无干燥模式	无处理模式	合计
样本/个	140	201	38	81	460
比例	30.43%	43.70%	8.26%	17.61%	100.00%

在小麦产后处理各个环节中，选择人工收获的样本农户数为138个，占样本总数的30.00%；机械收获的样本农户数为322个，占样本总数的70.00%；收获后进行干燥处理的样本农户数为314个，占74.13%；收获后进行储藏的样本农户数为178个，仅占38.70%。可见，当前农户小麦收获主要采用机械收获方式，多数农户收获后会进行干燥处理，但只有较少的农户会进行小麦储藏。农户小麦产后收储技术应用基本情况如表7-11所示。

表 7-11　小麦收储技术应用情况

	人工收获	机械收获	干燥	储藏
样本/个	138	322	341	178
比例	30.00%	70.00%	74.13%	38.70%

三、玉米收储模式及技术应用

根据调查问卷所示，农户玉米收获方式以人工收获为主，也有部分农户采用机械收获方式。玉米干燥方式有自然晾晒和阴干两种，本次调查农户无机械干燥方式。根据调查样本基本情况，淘汰不存在和不合理的技术方案，对样本地区农户实际采用的现有玉米收储模式进行保留，最终保留6种玉米产后收储模式，详见表7-12。

表 7-12　玉米主要收储模式

序号	收储环节	收储模式	模型类型
1	收获—干燥—储藏	人工收获—干燥—储藏	传统模式
2		机械收获—干燥—储藏	
3	收获—干燥—销售	人工收获—干燥—销售	无储藏模式
4		机械收获—干燥—销售	

续表

序号	收储环节	收储模式	模型类型
5	收获—储藏	人工收获—储藏	无干燥模式
6		机械收获—储藏	
7	收获—销售	人工收获—销售	无处理模式
8		机械收获—销售	

从被调查的392个农户样本的基本情况来看，玉米产后收储选择传统模式的农户样本数最多，共有175个，占样本总数的44.64%，说明中国玉米产后处理过程中有将近一半的农户仍采用"收获—干燥—储藏"的传统收储模式。选择无储藏模式的农户样本共有112个，占样本总数的28.57%，可见，仍有不少农户采用玉米收获、干燥后直接销售。还有53个样本农户选择无干燥模式，占样本总数的13.52%，这类农户玉米收获后并不直接脱粒干燥，而是直接储藏玉米棒。选择无处理模式的农户样本最少，只有52个，仅占样本总数的13.27%。农户玉米产后收储模式选择基本情况如表7-13所示。

表7-13 玉米收储模式选择情况

	传统模式	无储藏模式	无干燥模式	无处理模式	合计
样本/个	175	112	53	52	392
比例	44.64%	28.57%	13.52%	13.27%	100.00%

在玉米产后处理各个环节中，选择人工收获的样本农户数为130个，占样本总数的33.16%；机械收获的样本农户数为262个，占样本总数的66.84%；收获后进行干燥处理的样本农户数为287个，占73.21%；收获后进行储藏的样本农户数为228个，仅占58.16%。可见，当前农户玉米收获主要采用机械收获方式，大多数农户收获后会进行干燥处理，一半以上的农户会储藏玉米。农户玉米产后收储技术应用基本情况如表7-14所示。

表7-14 玉米收储技术应用情况

	人工收获	机械收获	干燥	储藏
样本/个	130	262	287	228
比例	33.16%	66.84%	73.21%	58.16%

第五节 实证分析

一、水稻收储模式选择及其影响因素

目前，中国水稻产后收储模式主要包括传统模式、基准模式、无储藏模式和无处理模式 4 种类型，其中以基准模式"机械收获—自然晾晒—储藏"最为普遍，因此以该模式作为参照组，选择 MNL 模型进行估计，比较其他收储模式与基准模式的差别。进行不相关选择独立性假设（IIA）检验，结果表明 MNL 模型能够满足 IIA 假设。水稻产后收储模式选择模型回归结果如表 7 – 15 所示。

回归结果显示，在农户个体、家庭特征上，户主性别显著负向影响农户选择无处理模式，这表明与基准模式相比，男性更不愿意选择无干燥处理或直接销售湿粮的无处理模式，这可能是由于传统收储方式对劳动者的体力和精力要求较高，而女性天然的体力劣势使得她们更愿意采用省时省力的现代收储模式，而男性则相反。户主年龄负向影响农户选择传统模式和无处理模式，且两者分别在 1% 和 5% 的统计水平上显著，即相比基准模式，年龄越大的农户越不倾向于选择传统模式和无处理模式，可能的原因在于，老年农户体力、精力不足，思想保守，且接受新事物的能力相对较差，因此，这类农户通常不会选择耗工耗时又费力的传统模式，也不会选择直接销售湿粮的无处理模式。家庭总人数显著正向影响农户选择传统模式，即不考虑其他因素的作用，家庭总人数越多的农户越愿意选择传统模式。而家庭总收入显著负向影响传统模式，这表明收入相对较高的农户家庭更不会选择传统模式。农业收入比例正向影响农户选择传统模式和无处理模式，且两者分别在 5% 和 1% 的统计水平上显著，可见，农业收入比例较高的农户更多地选择传统模式和无处理模式，这可能是由于农业收入比例较高的农户主要为传统小农和农业大户两种，前者更多的属于自给自足的小农经济，为了节约生产成本，传统小农户更倾向于选择传统模式；而后者农业生产经营规模较大，需要足够的晾晒场地及储粮设施才能进行产后处理，因此这类农户反而更倾向于选择直接销售。在生产经营上，水稻种植规模在 10% 的统计水平上显著负向影响农户选择传统模式，且在 1% 的统计水平上显著正向影响农户选择无储藏模式和无处理模式，这表明相比

基准模式，水稻种植规模越大的农户越不会选择传统收储模式，而是更倾向于选择缩短产后处理环节的收储模式。可能的原因在于，水稻种植规模较大的农户水稻产量高，很多地区没有粮食烘干设备，且储存方面也存在瓶颈制约，水稻收获后干燥处理不当、晾晒不及时、储存方式不合理等因素容易造成粮食损失，因此，这类农户可能更倾向于选择无储藏模式或直接销售的无处理模式。

表 7-15　水稻收储模式选择及其影响因素

变量	传统模式	无储藏模式	无处理模式
性别	-0.6903（1.1869）	-0.0842（0.6050）	-1.5402**（0.7679）
年龄	-0.1164***（0.0366）	-0.0022（0.0144）	-0.0428**（0.0203）
受教育程度	-0.0845（0.1161）	0.0353（0.0481）	-0.0539（0.0677）
家庭总人数	0.6627**（0.2661）	0.0967（0.0805）	-0.1905（0.1364）
务农劳动力人数	0.0827（0.3671）	-0.0259（0.1257）	-0.3151（0.2305）
家庭总收入	-0.5737***（0.1689）	-0.0157（0.0201）	0.0139（0.0288）
农业收入比例	0.0282**（0.0128）	0.0033（0.0059）	0.0241***（0.0081）
种植规模	-0.3490*（0.1922）	0.0901***（0.0314）	0.0956***（0.0317）
是否平原	-3.1465***（1.1949）	0.8481**（0.4085）	-0.7865（0.5075）
是否乡镇或城郊	-1.2213（1.0325）	-0.5746（0.4046）	0.5734（0.5182）
离县城距离	0.1804**（0.0774）	0.1128***（0.0387）	0.2575***（0.0470）
道路交通条件	-2.8416**（1.1042）	-0.3743（0.3230）	0.7156（0.5209）
政策了解程度	-0.7320（0.6244）	0.1558（0.2223）	0.0212（0.3317）
Constant	11.3282**（5.7077）	-3.9203*（2.0124）	-5.4318**（2.7342）
Observations	385		
Chi-square	271.89		
Pseudo R^2	0.2915		

注：*、** 和 *** 分别表示在 10%、5% 和 1% 的水平上显著，括号内数字为标准误。

在村庄特征上，是否平原在 1% 的统计水平上显著负向影响农户选择传统模式，在 5% 的统计水平上显著正向影响农户选择无储藏模式，可见，相比基准模式，平原地区农户更倾向于选择粮食收获干燥后直接销售的无储藏模式，而不会选择传统模式。平原地区农户之所以选择无储藏模式，可能是因为多数平原地区交通便利、经济发达且限制性因素较少,农户买粮卖粮都极为方便,水稻收获干燥后直接销售一方面可以省去储藏环节以避免储粮损失;另一方面,农户还可以根据家庭需求购买粮食,选择更为多样化。离县城距离显著正向影响传统模式、无储藏模式和无处理模式,即相比基准模式,离县城距离越远越倾向于选择传统模式、无储藏模式和无处理模式。距离县城较远的小农户水稻种植是以满足家庭本身需求为主的一种自给性的生产方式,因而这类农户更倾向于选择传统模式;而距离县城较远的大农户种植水稻的主要是为了市场需求和交换,由于距离县城较远,交通不便利,时间成本、运输成本和劳动力成本相对较高,农户售粮更多的依赖粮食经纪人,而多数粮食经纪人从事粮食收购具有较强的季节性,即只在粮食上市旺季下乡收购,因此,距离县城较远的水稻种植大户可能更倾向于收获干燥后直接销售,或是直接销售湿粮。道路交通条件在5%的统计水平上显著负向影响农户选择传统模式,这表明道路交通条件越好的地区农户越不会选择传统模式,可能的原因在于道路交通条件较好有利于水稻跨区机收,因此,道路交通条件越好就越不会选择人工收获这种传统模式。

二、小麦收储模式选择及其影响因素

小麦产后收储模式类型主要包括传统模式、无储藏模式、无干燥模式及无处理模式4种类型。以小麦传统收储模式"收获—干燥—储藏"作为基准参照组,采用MNL模型进行估计,比较其他收储模式与传统收储模式的差别。进行IIA检验,结果表明MNL模型能够满足IIA假设。小麦产后收储模式选择模型回归结果如表7-16所示。

回归结果显示,在农户个体、家庭特征上,户主受教育程度显著正向影响农户家庭小麦收储选择无处理模式,即受教育程度越高的农户家庭越倾向于省时省力的收储模式。家庭总人数显著负向影响无干燥模式选择,务农劳动力人数则显著负向影响无处理模式选择,可见相比传统收储模式,家庭总人数及劳动力人数较多的农户家庭更倾向于选择省工省力的无干燥模式和无处理模式。农业收入比例在5%的统计水平上显著正向影响无干燥模式及无处理模式选择,可见,相比传统模式,农业收入比例较高的农户家庭更倾向于选择无干燥模式与无处理模式,可能的原因在于,农业收入比例较高的农户主要收入来源于农业,这类农户多为农业种植大户,其生产经营规模较大，需要足够的晾晒场地及储粮设施才能进行产后处理，因此，这类农户更倾向于小麦收获后不进行干燥，暂存以待销售或加工，或是收获后直接销售。在种植规模上，种植规模在1%的统计水平上显著正向影响无处理模式选择，可见，相比传统收储模式，种植规模越大的农户家庭越倾向于选择最省事的无处理模式进行小麦收储。可能的原因在于，小麦种植规模较大的种植大户产量高，水稻产后处理受干燥设备、晾晒场地、储粮设施等多种因素的制约，因此，这类农户可能更倾向于选择收获后直接销售的无处理模式。

表 7-16 小麦收储模式选择及其影响因素

变量	无储藏模式		无干燥模式		无处理模式	
	回归系数	标准误	回归系数	标准误	回归系数	标准误
性别	0.4712	0.4614	-0.1480	0.7371	0.5952	0.6276
年龄	0.0121	0.0130	-0.0294	0.0246	-0.0242	0.0178
受教育程度	0.0732	0.0517	0.0999	0.0914	0.1663**	0.0671
家庭总人数	0.0535	0.0667	-0.3529*	0.1934	-0.0017	0.1027
务农劳动力人数	-0.0165	0.1278	0.3493	0.2704	-0.5267***	0.1973
家庭总收入	-0.0035	0.0164	-0.0094	0.0339	-0.0293	0.0239
农业收入比例	0.0040	0.0059	0.0335**	0.0165	0.0160**	0.0070
种植规模	0.0499	0.0349	-0.1789	0.1114	0.0636*	0.0352
是否平原	1.1062***	0.4003	2.4025***	0.9256	0.8285*	0.4737
是否乡镇或城郊	-1.6462***	0.3982	2.4850***	0.5447	-0.7090	0.5126
离县城距离	0.0211	0.0261	-0.1302***	0.0445	0.2328***	0.0426
道路交通条件	1.5016***	0.2826	1.2031**	0.6059	1.9372***	0.4102
政策了解程度	-0.2217	0.2410	-0.8964	0.4631	0.4685	0.3136
Constant	-4.4980***	1.5238	0.4543	2.9649	-9.1577***	2.3004
Observations	460					
Chi-square	305.58					
Pseudo R^2	0.2696					

注：*、**和***分别表示在10%、5%和1%的水平上显著。

在村庄特征上，是否平原显著正向影响无储藏模式、无干燥模式及无处理模式的选择，这表明，相比传统小麦收储模式，平原地区农户家庭更倾向于选择缩短小麦产后处理环节的收储模式，这可能是因为一方面平原地区交通便利、经济发达，农户买粮卖粮都极为方便，农户缺少储粮动机；

另一方面，平原地区农业社会化服务体系更为健全，小麦产后处理模式也更为多样化。是否乡镇或城郊显著负向影响无储藏模式选择，显著正向影响无干燥模式选择，即相比传统收储模式，乡镇或城郊地区农户家庭更不愿意选择无储藏模式，而更愿意选择无干燥模式，可能的原因在于，一方面，乡镇或城郊地区市场交易便利，农户家庭粮食储藏投机动机更强，小麦收获干燥后储藏起来以待行情好的时候销售可以获得最大的利润；另一方面，乡镇或城郊相当于农户小型粮食交易集散地，对于小麦收获后不进行干燥的农户家庭，可以先暂存再择机销售。县城距离在1%的统计水平上负向影响无干燥模式选择，正向影响无处理模式选择，可见离县城越远的农户家庭更不会选择无干燥模式，但可能会更倾向于选择无处理模式。道路交通条件均显著正向影响无储藏模式、无干燥模式及无处理模式选择，可见相比传统小麦收储模式，道路交通条件越好的地区农户家庭越倾向于选择缩短小麦产后处理链条。

三、玉米收储模式选择及其影响因素

玉米收储模式主要分为传统模式、无干燥模式、无储藏模式、无处理模式4种类型。以玉米传统收储模式"收获—干燥—储藏"作为基准参照组，采用MNL模型进行估计，比较其他收储模式与传统收储模式的差别。进行IIA检验，结果表明MNL模型能够满足IIA假设。玉米产后收储模式选择模型回归结果如表7-17所示。

回归结果显示，在农户个体、家庭特征上，受教育程度显著正向影响农户家庭玉米无储藏模式、无干燥模式及无处理模式选择，而务农劳动力人数则显著负向影响无储藏模式、无干燥模式及无处理模式选择，这表明，受教育程度较高及务农劳动力人数较少的农户家庭更倾向于缩短玉米产后收储处理环节，以省时省力。家庭总收入显著正向影响无干燥模式及无处理模式选择，农业收入比例显著正向影响无储藏模式、无干燥模式及无处理模式选择，可见家庭总收入、农业收入比例较高的农户家庭更倾向于无储藏模式、无干燥模式及无处理模式选择。种植规模显著正向影响无储藏模式、无干燥模式及无处理模式选择，即规模越大的农户家庭越倾向于缩短玉米产后处理环节。

在村庄特征上，是否乡镇或城郊显著负向影响无储藏模式及无处理模式选择，显著正向影响无干燥模式选择，即相比传统收储模式，乡镇或城

郊地区农户家庭更不愿意选择无储藏模式及无处理模式，但更愿意选择无干燥模式。离县城距离在1%的统计水平上负向影响无干燥模式选择，正向影响无处理模式选择，可见离县城越远的农户家庭更不会选择无干燥模式，但可能会更倾向于选择无处理模式。此外，道路交通条件显著正向影响无处理模式选择。

表7-17 玉米收储模式选择及其影响因素

变量	无储藏模式		无干燥模式		无处理模式	
	回归系数	标准误	回归系数	标准误	回归系数	标准误
性别	-0.0665	0.5577	1.3209	1.1583	0.0998	0.6599
年龄	0.0050	0.0135	-0.0179	0.0217	-0.0238	0.0178
受教育程度	0.1527***	0.0549	0.1556*	0.0903	0.1715**	0.0705
家庭总人数	0.1432	0.1013	-0.0904	0.1659	0.0774	0.1315
务农劳动力人数	-0.3292**	0.1598	-1.0686***	0.2768	-0.7419***	0.2162
家庭总收入	0.0012	0.0226	0.1308**	0.0551	0.1160**	0.0447
农业收入比例	0.0183***	0.0056	0.0230***	0.0077	0.0118*	0.0072
种植规模	0.0877*	0.0495	0.0782**	0.0385	0.0700*	0.0370
是否平原	0.3592	0.3017	2.8947	0.6415	0.6196	0.4010
是否乡镇或城郊	-1.6689***	0.3127	2.0153***	0.5598	-1.3162***	0.4150
离县城距离	-0.0263	0.0173	-0.1632***	0.0338	0.0745***	0.0241
道路交通条件	-0.4442	0.2885	-0.2339	0.5057	0.7477**	0.3777
政策了解程度	-0.2876	0.2403	-0.3097	0.3628	-0.2124	0.3176
Constant	-0.0270	1.5691	-6.1970**	2.6435	-1.6522	1.9531
Observations	392					
Chi-square	243.86					
Pseudo R^2	0.2490					

注：*、**和***分别表示在10%、5%和1%的水平上显著。

第六节 本章小结

本章采用2018年7—9月在江苏、安徽、山东、河南、辽宁等地开展的实地调查数据，实证分析农户粮食产后收储模式选择及其影响因素。研究结果发现：①相比当前最为普遍的基准模式，相对年轻、家庭总人数较多、总收入较低、农业收入比例较高、种植规模较小、位于山区或丘陵、距离县城较远且道路交通条件较差的农户家庭水稻产后收储更倾向于选择传统模式,而种植规模较大、距离县城较远的农户家庭则更偏好于无储藏或无处理的现代化收储模式;②平原、非乡镇城郊及道路交通条件较好的地区农户家庭小麦产后收储更倾向于选择无储藏模式,而家庭总人数较少、农业收入比例较高、平原地区、乡镇或城郊、离县城较近且道路交通条件较好的农户家庭更倾向于选择无干燥模式,受教育程度较高、务农劳动力人数较少、农业收入比例较高、种植规模较大、平原地区、离县城较近、道路交通条件较好的农户家庭小麦产后收储则更愿意选择无处理的现代化收储模式;③相比玉米传统收储模式,受教育程度较高、务农劳动力人数较少、农业收入比例较高、种植规模较大的农户家庭玉米产后收储更倾向于选择产后收储链条较短的无储藏模式、无干燥模式及无处理模式,乡镇或城郊农户家庭更愿意选择无干燥模式,离县城距离较远、道路交通条件较好的农户则更倾向于选择现代化的无处理模式。

第三部分　粮食安全、价格波动及其调控

◎第八章　粮食安全及其预警研究综述
◎第九章　粮食价格波动对CPI的影响

第八章 粮食安全及其预警研究综述

第一节 粮食安全的内涵

一、粮食安全的基本概念

1974年,联合国粮食及农业组织(FAO)最早界定了粮食安全,即"保证任何人在任何时候都能够得到为了生存和健康所需要的足够食品"。这种理解虽然揭示了粮食安全的目标,但仍然是粗线条式的描述。1983年,FAO总干事萨乌马提出了粮食安全定义:"确保所有人在任何时候既能买得到又能买得起他们所需要的基本食品。"该定义认为粮食安全包括"买得到"和"买得起",前者是粮食的供给状况,后者为人们的购买能力,只有这两者同时满足,才能实现粮食安全。这种理解将生产与购买连接了起来,丰富了人们的认识,但没有指出"基本食品"的指向。1996年,FAO指出:"当所有人在任何时候都能在物质上和经济上获得足够的粮食来满足其需要时,才实现了粮食安全。"此定义继承了萨乌马的思路,将消除贫困、国际贸易等因素考虑在内,拓展了粮食安全的内涵。

1992年,中国政府提出了粮食安全概念:"能够有效地提供全体居民以数量充足、结构合理、质量达标的包括粮食在内的各种食物。"此定义基于政府视角来理解政府对居民提供粮食的义务,从保障国内粮食数量充足、结构合理和质量良好的角度界定粮食安全,更加强调粮食供求均衡,与1974年FAO最早界定的粮食安全定义一脉相承。

现有研究多数认同FAO界定的粮食安全。其基本内涵主要包括数量、质量、结构、经济、价格和供应平衡等方面对粮食安全的保证。近年来,更多学者倾向于借鉴1996年FAO的定义,从可获得的视角来认识中国粮食安全,这涉及生产、流通和消费等环节。不仅如此,对粮食安全的认识也逐渐从单纯的总量平衡向多维深化。例如，雷玉桃等（2003）、雷玉桃和谢建春（2003）认为中国粮食安全具有一定的特殊性，不仅要考虑实现粮食总量增长，而且要兼顾粮食质量安全和品质结构合理等。闻海燕（2003）指出，中国粮食安全体系包括生产出足够多的粮食、有一个高效率的流通组织来供应、确保所有需要粮食的人在任何时候都能获得粮食。钟甫宁等（2004）从4个层次来理解粮食安全。即供应量是否满足基本需要；供应在时空上分布是否均衡；所有的人是否能容易地获取基本的粮食；粮食是否符合卫生、营养和健康的标准。在这4个层次中，第一个层次是生产意义上的粮食安全，中间两个层次是获取意义上的粮食安全，最后一个层次是品质意义上的粮食安全。

粮食安全是一个不断发展的概念。FAO 在《支持在国家粮食安全范围内逐步实现充足食物权的自愿准则》（2004）再次强调了1996年的观点，并提出粮食安全的四维概念，其4个支柱是"可供应量""获取渠道""充分利用""供应稳定"。《世界粮食安全首脑会议宣言》（2009）[以下简称《罗马宣言》（2009）]界定"粮食安全"是指"所有人在任何时候都能通过物质、社会和经济手段获得充足、安全和营养食物，满足其过上积极、健康生活的膳食需要和饮食偏好"。《世界粮食不安全状况2010：应对持续危机中的粮食不安全问题》界定"粮食安全"是指"所有人在任何时候都能在物质、社会和经济上获得充足、安全和富有营养的粮食，以满足其积极和健康生活的膳食需求和食物偏好"。这个界定与《罗马宣言》（2009）的界定类似。祝滨滨和刘笑然（2010）也认为现代粮食安全包括粮食数量安全、质量安全、流通安全和生态安全四层含义，其中，数量安全指一个国家或地区必须具有使人们得以生存的足够的食品，质量安全指必须具有满足人们不断改善的膳食结构和营养需要的健康食品，流通安全即必须保证所有人在任何时候都能得到相应的食品，生态安全为必须保证不会因为粮食的生产而导致耕地质量下降和生态环境破坏。

二、宏观的粮食安全

宏观的粮食安全主要通过国家或地区的人均供求状况、粮食或膳食能量总供求状况等指标来进行度量。一是采用粮食总供求平衡状况来衡量国家粮食安全，其中，粮食总需求主要包括口粮、饲料用粮、工业用粮、种子用粮及粮食产后损失浪费等方面，粮食总供给主要指上期粮食库存、当期产量及粮食进口量等。例如，厉为民等（1998）通过比较中国与世界主要粮食生产与消费国在粮食总产量波动系数、粮食自给率、粮食库存水平、人均粮食占有量与低收入人口粮食供应水平等指标方面的差异性，以及粮食安全系数的计算与比较，得出中国粮食安全整体水平仅次于加拿大、法国、美国与澳大利亚四国，高于世界平均水平。钟甫宁（2004）、柯炳生（2006）等分别对粮食生产波动、食物保障的可持续性发展、粮食储备几个方面进行了深入研究。众多学者的研究表明，粮食自给率应保持合适水平，粮食自给率高，固然粮食安全水平比较高，但这也可能意味着农民要放弃种植效益较好的经济作物，农民收入反而有所下降。二是采用类似于计算国家人均膳食能量供给与需求的方法来计算地区人均膳食能量供求状况，以此判断该地区的宏观粮食安全状况。例如，Smith 等（2000）通过比较一个国家人均每天膳食能量供给与需求来判断该国居民是否膳食能量短缺，进而衡量粮食安全。

三、微观的粮食安全

而在微观上，国际和国内关注的焦点都在于由贫困所导致的局部粮食不安全问题。Maxwell 和 Frankerberger（1992）、Haddad 等（1994）和 Chung 等（1997）通过测量家庭食物消费的实际能量摄入量，并将实际能量摄入量与通常采用的最低限热量标准进行比较，如果实际能量摄入量大于最低限热量标准，就认为粮食安全，反之则不安全。Barrett（2001）在其《农业经济学手册》中提出应从营养需求、食物与其他基本需要的替代作用、粮食安全状况的变化及其对食物消费的影响、不确定性和风险情况等4个方面来考察粮食安全问题。Smith（1998）认为儿童营养不良也是粮食不安全的代表性指标之一，可以通过调查不同时期、不同年龄段儿童的身高、体重等发育状况来判断儿童的营养状况。Rose 和 Oliveira（1997）分析在粮食不足的情况下，特别是突发性粮食不安全时人们所采取的应对粮食危机的对策措施（如借贷、变卖资产、减少用餐数量等）及其频率，以此来衡量粮食不安全程度。除此以外，收入差距、粮食流通等状况等也是影响一个国家或地区粮食安全的重要因素。

第二节 粮食安全预警研究方法

一、预警与预警系统

预警（early-warning）可解释为，在灾害或灾难及其他需要提防的危险发生之前，根据以往总结的规律或观测得到的可能性前兆，向相关部门发出紧急信号，报告危险情况，以避免危害在不知情或准备不足的情况下发生，从而最大限度地减低危害所造成的损失的行为。因此，预警的实现需要具备以下两个前提：其一，任何事物的变化都存有一定规律；其二，这种波浪式的发展规律具有可把握性。满足这两个条件，预警才有实现的可能。

预警机制最早在军事领域得到应用，并得到较大程度的推广。经济学领域预警机制的应用始于19世纪末20世纪初，主要用于西方经济统计学对宏观经济波动问题的检测研究。在经历了1972—1974年世界范围的严重粮食危机后，1975年FAO建立了"全球粮食和农业信息及预警系统（GIEWS）"，该系统能够分阶段报告全球或地区粮食产量短缺情况，提供快捷可靠的未来粮食展望信息。1991年7月，FAO召开了"加强亚太地区国家早期预警和食物信息系统"的会议，帮助印度建立粮食预警系统。

二、粮食安全预警

粮食预警，既不同于一般农业类预警，也不同于一般经济学预警，而是兼有两者的特征。因此，相比于一般农业生产和经济学对象，粮食具有更为复杂的规律，把握性上存在更多的挑战。

粮食安全预警研究始于20世纪70年代，由于当时世界粮食出现了严重的危机，各国纷纷开始关注粮食安全问题。在过去的几十年中，国内外都对此做出了大量的研究（Xu et al., 2006; Wang et al., 2009; Deshingkar et al., 2005; Feng et al., 2005）。1973年，FAO制定了《世界粮食安全国际约定》，首次提出建立粮食安全预警机制的问题。1975年，FAO建立了GIEWS，该系统利用卫星遥感系统观察作物生长情况，收集各国粮食情报及世界粮食贸易信息，了解早期可能出现的问题，预测各国国内谷物产量、库存变动和粮食需求量，监测各国粮食安全情况，定期或不定期提前发布世界粮食供需等方面的信息，并预报粮食安全。

中国从 20 世纪 80 年代开始研究经济预警系统。1989 年，国家统计局统计科学研究所发表了《我国宏观经济动态的监测预警体系》研究报告。同时，中国农业大学陶骏昌教授主持的农业预警系统课题组尝试建立农业预警系统，并于 1991 年 5 月 20 日在北京发起召开了全国首届农业预警系统研讨会。20 世纪 90 年代，中国开始研究粮食安全预警。粮食安全预警就是以粮食供求波动呈现规律性特征为出发点，建立在粮食生产供给与需求平衡理论基础上，对粮食供求状况进行动态监测、力度测量与警情预报，对粮食安全状况做出及时的判断和预测，进而提出防范措施（安晓宁，1998）。

三、国内外研究方法概述

对粮食安全性进行预警分析时，专家需要根据历史数据判别粮食安全水平，而历史资料不够全面、历史数据不够准确，这会给专家判断带来一定的影响，因此专家往往只能给出模糊判断。Vapnik（1998）等采用最小二乘支持向量机（LSSVM）来进行分析，并定义误差函数 MSE 作为最小二乘支持向量机的泛化性能的评价指标。21 世纪以来，国外已有文献主要采用模糊支持向量机（FSVM）来进行分析，该方法在解决此类问题上具有独特的优点（Lin et al., 2002; 2004; Jiang et al., 2006; Leski, 2004; Wang et al., 2005; Anthony, 2007）。此外，粮食安全预警系统是一个复杂系统，涉及诸多因素，既有定量的数据，又有定性的数据，并且各因素的确定及警限的划分均没有统一的标准，不确定性较大，这些问题导致要建立一个合理的数学评估模型比较困难。因此，Guo 等（2006）采用 DS 证据理论来进行分析，该方法作为一种不确定推理方法，已在信息融合及决策分析中获得了广泛应用。Bascetin（2007）采用 AHP 层次分析法来进行分析，该方法是一种综合主观判断的客观方法，它是定性与定量分析相结合的多目标决策分析法，适合于多目标、多层次、多因子的复杂系统的决策。Deng 等（2010）采用 DS 证据理论将概率论的基本事件空间推广为辨识框架。

20 世纪 90 年代，国内粮食安全预警方法主要有粮食趋势产量增长率预警模型、警兆指标法、粮食供求预警系统评价法、景气分析法等。例如，顾海兵（1991）和刘明等（1993）采用粮食趋势产量增长率预警模型来预测中国粮食安全，全面衡量粮食生产的自身变动规律、特征及人口增长的趋势、工业发展速度、粮食进出口及储备需要和世界农业生产发展，以此为基础确定中国粮食生产警限。此后，顾海兵和刘明（1994）采用警兆指标法进行分析，首先根据经济理论和统计分析选择警兆指标，并确定各个警兆指标的预警区间，再对警兆进行加权，以此对警情变动做出比较准确的预测，其实质是建立以警兆为自变量的滞后模型进行回归预测。顾焕章和王曾金（1995）采用粮食供求预警系统评价法，根据粮食市价这个"晴雨表"，考虑与之关联度较大的粮食储备量和灾害情况，通过一系列指标建立粮食供求预警系统，对粮食安全进行评价。朱泽（1997）应用粮食安全系数评价法来进行分析，通过粮食总产量波动系数、粮食自给率、粮食库存水平、人均粮食占有量和低收入人口的粮食供给水平等数量指标，从不同的侧面反映粮食安全问题，通过粮食安全系数对粮食安全问题做出总体判断。安晓宁（1998）采用专家评估法，借助一批具有自然科学、社会科学和交叉科学专业知识和经验的专家进行评估，评估专家通过对采集的粮食信息进行分析并根据个人的经验、知识和所掌握的警兆信息来对粮食安全状况做出判断或预测。李志强（1998）采用景气分析法，将警情指标与警兆指标分别预测，并运用 ARIMA 模型分析粮食生产增长与警兆指标的时差关系，给出景气循环曲线，将警情指标与警兆指标分开预警，重点分析粮食市场的供给与需求这一重要环节，能够对粮食安全做出相对全面的评价。

21 世纪以来，粮食安全预警研究方法更加多样化。已有研究中，吴声怡（2002）采用 BP 神经网络法来进行分析，将反映粮食安全的指标作为 BP 神经网络的输入数据，利用回归方法构造四项指标的隶属函数，然后通过后传播算法模拟训练网络进行粮食安全评价。吕新业等（2005）采用 VAR 模型对粮食安全进行预测，并利用主成分分析方法合成粮食安全综合指数，对中国现阶段粮食安全的总体状况进行评价，并对未来两年粮食安全状况进行预警。陈婷等（2009）在借鉴国内外研究成果的基础上，采用层次分析法（AHP）构建一个新的粮食安全预警系统，结合中国国情选取 10 个指标进行排序，挑选出权重值大于 0.1 的 4 个指标组成新指标体系并重新赋予权重值，以此对 1996—2005 年珠江三角洲地区粮食安全的各项指标进行测算，得出其综合得分并划分警级。门可佩等（2009）采用层次分析法确定指标权重，运用 GRA – AHP 集成法，对 1997—2007 年中国粮食安全进行量化测度分析，研究结果表明该模型符合中国实际情况，可以用作粮食安全预警监测。陈静彬（2009）运用熵值和灰色关联分析等方法，进行了湖南省粮食安全预警研究。苏晓燕等（2011）提出了一种基于信息融合的多因素粮食安全评估方法，新方法将各个信息源的定量定性信息转换为基本概率指派函数，利用层次分析方法确定各个属性的权重，基于Dempster组合规则实现了多因素的融合，依据1995—2007年的统计年鉴数据，对该方法的有效性进行了验证，结果表明该文所提出的信息融合方法能够正确客观地反映出粮食安全警度。王禾军和邓飞其（2011）为提高区域粮食安全性预警精度，采用清晰集合构造模糊集合法确定隶属度，并采用基于混沌遗传算法的模糊最小二乘支持向量机构建区域粮食安全预警模型，应用结果表明，该粮食安全预警模型的预警相对误差小于2.0%。雷勋平等（2012）考虑影响粮食供给和需求等因素构建区域粮食安全预警指标体系，结合熵权和可拓学理论，建立基于熵权可拓决策模型的区域粮食安全预警模型，并对安徽省粮食安全进行预警分析，该文建立的粮食安全预警模型能够提高区域粮食安全预警能力、定量评价粮食安全状态并有效预警，为实施粮食安全过程监管提供了新思路和方法。肖冉和李智国（2015）基于P-S-R模型（压力P、状态S、响应R）构建预警指标体系，运用熵值法对各项指标进行测算得到警度判定值，以对云南省17年来耕地资源和粮食安全的发展演变态势进行综合评价，并对云南省1996—2012年的耕地资源与粮食安全指标总价值进行三次曲线拟合，通过系数分析云南省耕地资源与粮食安全的发展现状及趋势，并对粮食安全进行预警。

第三节 粮食安全预警指标选取

一、简单的粮食安全预警指标

顾海兵（1991）和刘明等（1993）采用简单的粮食趋势产量增长率预警模型来预测全国粮食安全情况。胡靖（2003）应用营养实现程度来衡量国家粮食是否安全，根据中国预防医学院、国家统计局在《中国七省市食物营养与健康状况》中提供的数据及卫生部推荐的营养标准限定，一个人每天需摄入的热量为10 048 320 J、蛋白质70 g和脂肪65 g，而这些营养需要粮食0.681 kg，年均248.56 kg。朱泽（1997）采用简单的四项指标来评判一国的粮食安全，具体指标包括粮食产量波动率、粮食储备率、粮食自给率和人均粮食占有量，且这 4 个指标的权重是相等的。刘晓梅（2004）认为朱泽等人提出的四项指标是反映一个国家或地区粮食安全状况的最重要的指标，且指标之间不存在交叉关系，便于国际比较，因此，也选择了朱泽等人提出的四项指标来衡量粮食安全，但赋予各指标的权数各不相同。徐奉贤（1999）采用了简单的五项指标来评价粮食安全，其思路方法和朱泽等人的四项指标简单平均法相同，区别在于在四项指标的基础上加入了"低收入者阶层的粮食保障水平"，这样，粮食安全系数为此五项指标的简单平均值。马九杰等（2001）认为不同因素对于粮食安全的影响程度是有差别的，因此，需要对各个因素赋予不同的权重值，他所采用的粮食安全综合指数为食物及膳食能量供求平衡指数、粮食生产波动指数、粮食储备需求比率、粮食国际贸易依存度系数、粮食及食物市场价格稳定性各项指标得分值（各项指标对应的警级数值）的加权平均值。吕新业和王济民（2004）根据国情，选择以下 5 个指标来衡量粮食安全状况：粮食总产量波动指数、粮食自给率、粮食储备率、按人口平均的粮食产量及低收入阶层的粮食保障水平。李梦觉和洪小峰（2009）从食物及膳食能量供求平衡状况、粮食生产波动指数、粮食需求量波动指数、粮食储备需求比率、粮食国际贸易依存度系数、粮食价格上涨率等 6 个方面来考察粮食安全，并综合计算上述各指标的加权平均值，以此反映一个国家的粮食安全总体水平。李文明等（2010）为克服指标交叉带来的独立性较差或者指标选择不尽全面的情况，基于对国情粮情的全面把握和对粮食安全研究的经验判断，采用六项指标加权平均法，具体包括粮食自给率、粮食生产波动系数、粮食播种面积、人均粮食占有量、粮食储备水平和贫困人口的粮食安全保障状况。王禾军和邓飞其（2011）基于混沌遗传算法的模糊最小二乘支持向量机区域粮食安全预警模型的预警，并针对区域内社会经济、自然条件的实际情况，选择易于获取、操作性强，并且最能客观反映粮食安全现状的指标，即粮食自给率、人均粮食占有量、粮食单产水平、人均耕地及粮食生产波动系数共 5 个指标。

二、分层次粮食安全预警指标

李林杰和黄贺林（2005）从生产、流通和消费 3 个方面对粮食安全水平进行评估并即期报警，其中警兆指标包括粮食生产波动系数、粮食基本需求保证程度等共 11 个指标。王定祥等（2005）在对粮食安全的内涵与制约因素进行理论研究的基础上，设计了产能安全预警指标组（包括9个二级指标）、市场安全预警指标组（包括8个二级指标）和消费安全指标组（包括5个二级指标）共3组预警指标，提出了粮食产能安全、市场安全和消费安全的预警系统长效机制。赵彩艳等（2006）以徐州市为例，采用区域粮食总供求比率和人均粮食占有量两个方面作为警情指标，并选择人口增长率、粮食单产、人均耕地、人均粮食需求量和人均粮食供给量5个方面作为警兆指标，以此进行粮食安全预警实证分析，得出徐州市2010年将呈现出粮食短缺警情。陈婷等（2009）从粮食的生产、流通、储备和消费4个方面入手，划分出四大类及10个细化指标，在粮食生产上主要采用粮食总产量波动率、粮食播种面积和人均粮食占有量3个指标来衡量，粮食流通上主要包括粮食贸易依存度和食品价格上涨率，粮食储备主要包括粮食储备率和农民户均存粮，而粮食消费主要是恩格尔系数、低收入阶层的粮食保障水平及人均食物热值。门可佩等（2009）选取粮食生产安全性指标、消费安全性指标和灾害性指标三大类，粮食生产性指标主要有粮食产量、粮食播种面积和人均播种面积等5个指标，粮食消费类主要指标有人均粮食占有量、粮食进口额占农产品进口总额的比重、粮食出口额占农产品出口总额的比重和粮食价格指数增长率，而影响粮食生产的灾害因素受灾面积和成灾面积占受灾面积的比重。闫述乾和王海强（2010）在警情设计上，从粮食产量增长率、粮食库存率、进口量占当年产量比率、粮食需求增长率及人均粮食占有量5个方面来衡量粮食安全，而在警兆设计上，选择粮食播种面积、化肥使用量、农药使用量、受灾面积4个指标为短期警兆，采用人口自然增长率、耕地面积变动率和政府支持粮食生产的政策等5个指标为中长期警兆。肖顺武（2009）从粮食生产、流通和储备3个方面来设计警情指标，而与粮食生产有关的警兆指标包括粮食生产增长率、耕地数量和质量下降率等10个指标，与粮食流通有关的警兆指标包括人口增长率、城镇人口增长率和人均收入增长率等，与粮食储备有关的警兆指标主要包括储备总量的变动幅度、储备粮在经济上进行调动的可行性、储备粮与新粮的比例等。程杰（2010）以河南省为例，将粮食安全预警指标分为即期监测指标和远期预警指标两类，前者分为3个层次，在粮食安全状况指数这一总目标下，共设有3个一级指标（生产安全指数、流通安全指数、消费安全指数）和几个相对应的二级指标，而后者基于对粮食警情的认识，初步确定了远期预警的警情指标（粮食总供给量和粮食总需求量），同时还根据事物的因果关系选择了相对应的 15 个警兆指标。苏晓燕等（2011）基于信息融合的多因素粮食安全评估方法，选择粮食产量、粮食播种面积、人均播种面积、农业增加值占国内生产总值的比重、耕地有效灌溉面积、粮食价格指数、人均粮食占有量、农产品出口额占总额的比重、农产品进口额占进口总额的比重、受灾面积、成灾面积占受灾面积的比重 11 个指标来建立预警指标体系。雷勋平等（2012）综合考虑粮食生产（供给）、粮食需求和自然灾害等因素，构建区域粮食安全预警指标体系，具体指标包括粮食总产量、人均粮食产量、粮食播种面积、农业产值占 GDP 的比重、有效灌溉面积、粮食价格指数、人口自然增长率和受灾面积。肖冉和李智国（2015）重点从压力（P）、状态（S）、相应（R）3 个方面对粮食安全状况的影响因素进行选取，其中压力（P）采用城镇化水平、非农产值占比、非农产业从业人员比例 3 个指标来衡量，状态（S）采用耕地总面积、粮食总产量、人均耕地面积、人均粮食产量及乡村就业人员等来衡量，而农田水利化水平、农业机械总动力、化肥施用量和粮食单产则用来考察响应（R）。

第四节　本章小结

在研究方法上，传统的粮食趋势产量增长率预警模型采用一元线性回归方程预测粮食趋势产量，所需样本数据量大，而且产量趋势值存在滞后问题，因此对未来状况的预测能力很有限。警兆指标法虽然可以使用时间序列短的警兆指标进行预警，但这种方法在警兆指标的选定上具有主观性，因此计算结果有可能会偏离实际情况。粮食供求预警系统评价法能够较全面地反映粮食安全问题，但该方法并没有对粮食安全做出一个简明量化的总体评判。粮食安全系数评价法虽然给出了粮食安全的总体评判，但是基于四项指标的粮食安全系数只能反映粮食安全的某一层面。专家评估法则具有很大的主观性，它可能因专家的水平及其偏好而使预测结果出现因人而异的现象。而景气分析法没有考虑政府价格支持等因素对粮食安全的影响，所以模型预警能力有限。21 世纪以来的现代研究方法能对警情与警兆变动的数量关系进行定量描述，预警分析结果比较准确，但其缺陷在于，过多的数量化分析使得一些不真实的信息有被过于放大或缩小的可能，而且这种方法步骤烦琐，一步失误容易使整个预测作废，其操作性相对较差。

在指标选取上，顾海兵、刘明等和胡靖等人所选取的简单、单一指标难以全面衡量粮食安全程度。朱泽的四项指标简单平均法及徐奉贤的五项指标简单平均法都采用几项指标的简单平均值，忽略了指标权重的差异。马九杰等的五项指标加权平均法及刘晓梅的四项指标加权平均法虽然都根据指标的重要性设置了不同的权重，但没有提到低收入人口的粮食安全问题。而在分层次粮食安全预警指标中，尽管从理论上讲，指标选取越多就越能详尽地反映粮食安全状况，但是各项指标的相互交叉会影响各自的独立性，进而对粮食安全指标体系的系统性和准确性产生影响。另外，某些指标可以反映一个国家或地区的粮食安全状况，但是难以用于国际对比。例如，贫困人口的粮食安全状况确实是一个国家或地区粮食安全状况的重要方面，但是，由于世界各国对贫困的评判标准存在很大的差别，就难以利用这一指标进行国际上的横向比较。

综上所述，在研究方法和指标的选取上，部分研究所选取的指标具有可操作性，但却未能对粮食安全做出简明量化的总体评价；部分研究虽然能对粮食安全状态做出总体判断，但所选择的指标又不能全面反映粮食安全，且在权重的选取上具有一定的主观性，因此其预测能力有限；部分研究方法前沿，指标选取合理，但数量分析过多，步骤烦琐，操作性较差；还有部分研究过于追求全面性而选取了过多的指标，无法克服由指标交叉带来的独立性较差的问题。粮食安全预警方法对于粮食安全预警机制的顺利运作具有重要的指导作用。因此，在分析上，应采用现代方法与传统方法相结合的方式来弥补缺陷，改进权重设定方法，以形成粮食安全预警的分析方法体系，使预警结果更准确。科学选择粮食生产、流通、储备中的警情指标和警兆指标，不仅有利于科学地评估和预测粮食安全状况，还有利于充分发挥粮食安全预警机制作用。因此，在指标选取上，应从粮食安全预警分析的实际需要出发，根据粮食安全所面临的主要风险，基于对国情粮情的全面把握和对粮食安全研究的经验判断，选择能够充分反映粮食安全特征的指标，全面系统地考虑粮食安全的影响因素，才能合理衡量并准确预报粮食安全状况。

第九章 粮食价格波动对 CPI 的影响

第一节 粮食产需变动基本情况

  粮食是关系国计民生和社会秩序的重要战略性商品,粮食安全是实现经济发展、社会稳定和国家安全的重要基础。随着经济全球化的深入推进,国际粮食市场竞争日趋激烈,大型粮食跨国公司和粮食企业集团将会对中国粮食流通产业带来巨大冲击。中国粮食主销区集中在京、津、沪及东南沿海等 9 个省(市),在粮食安全格局中地位十分突出,在国际粮食市场竞争不断加剧的情况下必然不能置身事外。

  中国粮食主销区粮食总产量稳中有降,后续增产潜力非常有限。以上海、浙江和广东为例,2001—2015 年,3 个地区的粮食产量分别从 151 万 t、1073 万 t 和 1600 万 t 下降到了 112 万 t、752 万 t 和 1358 万 t,其粮食产量的变动情况可以分为两个阶段:2001—2003 年为快速下降期,2004—2015 年为保持平稳期。3 个地区年均粮食产量分别维持在 114 万 t、780 万 t、1343 万 t 左右。随着城市化进程的加快和农业产业结构的调整,部分农业用地转为工业用地,粮食主销区粮食播种面积几乎没有增长空间。上海、浙江和广东的粮食作物播种面积分别从 2001 年的 21.1 万 hm^2、193.9 万 hm^2 和 312.6 万 hm^2 减少到 2015 年的 16.2 万 hm^2、127.8 万 hm^2 和 250.6 万 hm^2。其中,2013—2015 年,3 个地区粮食作物播种面积分别维持在 16.5 万 hm^2、126.6 万 hm^2、250.7 万 hm^2 左右(表 9-1)。虽然中国科技投入逐年增加,但是粮食单产增长却一直在放缓,粮食单产增长潜力非常有限。

表9-1 粮食主销区常住人口、粮食播种面积及产量基本情况

年份	上海				浙江				广东			
	常住人口/万人	播种面积/万 hm²	总产量/万 t	人均产量/kg	常住人口/万人	播种面积/万 hm²	总产量/万 t	人均产量/kg	常住人口/万人	播种面积/万 hm²	总产量/万 t	人均产量/kg
2001	1668	21.1	151	92	4729	193.9	1073	231	8733	312.6	1600	195
2002	1713	18.8	130	81	4776	165.9	942	204	8842	287.7	1479	189
2003	1766	14.8	99	59	4857	142.8	793	170	8963	277.2	1430	181
2004	1835	15.5	106	62	4925	145.5	835	178	9111	279.0	1390	171
2005	1890	16.6	105	59	4991	151.1	815	167	9194	278.7	1395	152
2006	1964	16.5	111	62	5072	152.5	884	179	9442	276.7	1388	150
2007	2064	17.0	109	59	5155	122.0	729	145	9660	248.0	1285	137
2008	2141	17.5	116	62	5212	127.2	776	152	9893	250.0	1243	131
2009	2210	19.3	122	64	5276	129.0	789	153	10130	253.9	1315	137
2010	2303	17.9	118	56	5447	127.6	771	145	10441	253.2	1316	131
2011	2347	18.6	122	52	5463	125.4	782	143	10505	253.0	1361	130
2012	2380	18.8	122	52	5477	125.2	770	141	10594	254.2	1396	132
2013	2415	16.9	114	48	5498	125.4	734	134	10644	250.8	1316	124
2014	2426	16.5	113	47	5508	126.7	757	138	10724	250.7	1357	127
2015	2415	16.2	112	46	5539	127.8	752	136	10849	250.6	1358	125

数据来源：中经网统计数据库。

随着人口数量的持续增加和工业用粮的迅猛增长，中国粮食总需求量快速增长，粮食产需缺口持续扩大，粮食自给率进一步下降，对外来粮源的依存度不断加深，这对有效保障粮食安全提出了更高的要求。此外，随着经济的发展，城乡居民的生活水平得到了迅速提高，消费者更加关注粮食质量安全，对放心粮、保鲜粮和优质粮的需求日益增加。虽然中国积极实施"粮安工程"，大力推广绿色生态储粮新技术，有效保障了库存粮食品质，但粮食质量安全挑战依然存在。粮食质检体系建设受客观条件制约，部分老旧粮库与收购原粮的民营企业缺乏粮食质量检测技术条件，无法在收购环节对粮食质量进行有效检测。粮食物流环节受技术条件制约，物流手段与技术相对粮食流通发达地区依然落后，容易在运输环节发生二次污染。

第二节　粮食安全保障成本上升

一是粮食生产潜力不足，外部粮源渠道不够稳定。随着新型城镇化的快速推进，粮食主销区耕地的"非粮化"趋势将进一步加剧，能够用于粮食生产的优质耕地将越来越少，加上农民从事粮食生产的积极性不高，如果没有切实可行的政策举措，粮食产量在未来出现滑坡的可能性越来越大。在粮食生产潜力不足的情况下，粮食供应的外部渠道就显得尤为重要。但是从目前的情况来看，粮食主销区获取外部粮源的主要方式是与各粮食主产区建立产销合作关系并签订合作协议，但这类协议缺少利益补偿机制安排，对粮食主产区几乎没有任何约束力，在粮食歉收年份很难履行。可见粮食主销区外部粮源渠道不够稳定。

二是粮食仓储设施薄弱，不少地区储备规模偏小。尽管国家加大了对中央储备粮储备库的投入和建设，中储粮直属库和一批地方粮库得到改造升级，但部分主销区粮食仓储基础设施依然薄弱。①不少粮库为计划经济时代建设，老旧问题严重；②库点分散，独立库点仓容小，仓储配套设施差，难以胜任市场化条件下的储粮任务；③现代科学保粮新技术运用少，四项储粮新技术应用占比低；④集散物流能力不足；⑤成品粮专用库仓容不足，使得粮食应急保供能力受到限制。粮食储备是粮食保供稳价的最后手段，部分主销区的粮食储备规模不足，无法满足粮食安全的基本要求。

三是粮油加工业基础薄弱，参与竞争能力不强。粮油加工业基础薄弱，主销区粮油加工企业以米、面、油等初加工产品为主，虽然加工产能较高，但是绝大部分加工企业为小微企业，规模经济不明显，集中度偏低。粮油加工企业自主创新能力不强，研发费用投入不足，使得在与外资合资企业的竞争中明显处于下风。国有粮油加工企业依赖政策，面向市场、参与竞争的能力不强，多元化发展能力不足，经营发展困难，特别是随着粮食政策逐步市场化，国有企业如按现状参与市场竞争将会处于不利地位。基础薄弱的粮油加工业不仅影响了粮食流通业现代化水平的提升，而且严重制约了主销区粮食应急保供体系的建设。

四是质量安全问题加剧，流通监管仍然困难。随着城镇化与工业化进程的加快，工业"三废"和城市污水直接排放、任意排放，农业生产中大量使用农药和化肥,粮食重金属超标、农药残留等问题十分严重。在粮食加工环节,食品添加剂在国家规定的范围内合理适用并不会影响粮食质量安全,然而部分企业违法添加非食用物质或滥用食品添加剂,这严重威胁着粮食质量安全。现阶段,中国粮食流通监管仍然存在一些问题:①执法力量依然较弱,主要表现为基层监管监督人员偏少,大多没有建立专门的执法检查队伍,熟悉粮食业务和法律知识的专业人员匮乏;②粮食质检机构建设滞后,普遍存在场地受限、人员不足、资质缺乏等困难;③质量检测技术落后,特别是粮食卫生指标的检测远远不能满足执法检查期间快速检测检验的需要,严重影响了监督检查和质量监管的有效展开;④粮食监管法规体系建设不够完善,不合格粮食处置预案有待进一步建立。

五是专业技术人才匮乏,信息化建设有待加强。随着信息技术、电子商务、互联网等现代粮食流通技术的广泛应用,中国对粮食运输、保管、进出库及粮食质量监管和检测等方面的专业技术人才的需求不断增加。然而,当前粮食流通发展普遍面临着专业技术人才不足、从业人员年龄偏大、文化水平偏低等问题,专业技术人才匮乏制约了粮食流通的发展后劲。近年来,中国积极推进粮食流通信息化工作,在物联网数字粮库、粮食收储可视化信息系统、粮食收储管理系统等方面进行了有效探索。但由于粮食流通信息化建设起步较晚,投入较少,整体发展相对滞后,各地粮食信息化建设在开发深度、应用广度和发展水平等方面存在较大差异,粮库作业自动化和管理智能化建设仍需进一步加强。

第三节　粮食价格与 CPI 的互动关系

粮食价格是影响食品价格及整体物价水平的关键性因素。一方面,粮食价格的波动会影响中低收入人群的粮食安全;另一方面,粮食价格的波动还会引起物价上升和通货膨胀,从而威胁整个社会稳定与宏观经济运行。作为一个人口大国,稳定粮价与物价的重要性不言而喻。然而,在现代化建设进程中,城镇化和工业化对劳动力和土地资源的汲取导致粮食供需缺口日益扩大;粗放型经济增长模式耗费了大量的稀缺资源,受制于资源约束,中国粮食安全保障成本不断升高;日渐恶劣的生态环境和气候变化加大了粮食生产的风险。在国际粮食市场动荡多变、国内粮食供求偏紧且安全保障成本不断上升的背景下,未来的粮食价格仍然存在一定的不确定性。深入考察粮食价格对物价波动的影响,并探讨粮食价格的调控机制具有重要的现实意义。

图 9-1 显示了 1978—2012 年中国粮价与物价的互动关系。1978—2012 年,粮食价格波动频繁,粮食零售价格指数(GPI)呈现明显的周期性变动。1984 年粮食流通体制市场化改革以来,粮食零售价格指数(GPI)经历了 3 次上升情况,即 1985—1989 年从 110.9% 上升到 121.3%,1990—1994 年从 95.2% 上升到 148.7%,2002—2004 年从 98.6% 上升到 126.5%,其中 1994 年上升幅度最大,相比 1978 年上升了 48.7%,年均波动为 7.74%。1997—2003 年,粮食价格持续走低,直至 2004 年粮食零售价格指数(GPI)才上涨为 126.5%。2005—2012 年,粮食价格变动幅度不大,其平均零售价格指数约为 106.4%。此外,1978—2012 年,居民消费价格指数(CPI)与粮食零售价格(GPI)的变动趋势相似,物价水平伴随每次粮价上涨也出现了不同程度的上涨,这表明粮食价格与 CPI 之间存在一定的互动关系。

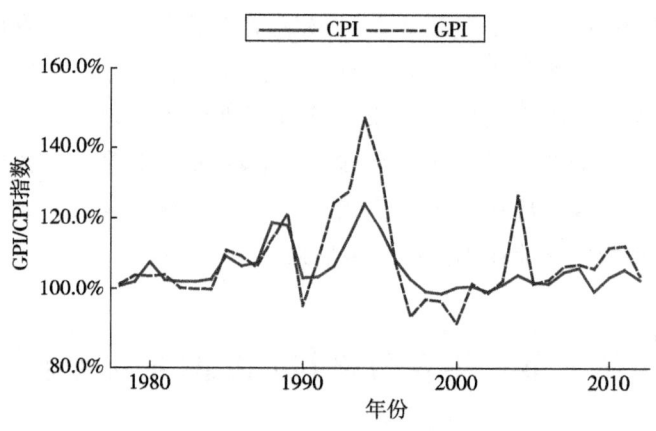

图 9-1 粮价与物价的互动关系

第四节 粮食价格波动对 CPI 的影响

选取 1978—2012 年的年度数据作为样本,数据来源于历年《中国统计年鉴》。数据选择如下:①粮食零售价格指数(GPI),它是反映各期粮食零售价格水平变动的经济指标,其对数形式用 $LNGPI$ 表示,一阶差分表示为

$DLNCPI$;②居民消费价格指数（CPI），它是反映通货膨胀的主要指标之一，其对数形式用 $LNCPI$ 表示，一阶差分形式用 $DLNCPI$ 表示。为消除异方差的影响，所有变量均采取对数化处理。

时间序列数据的非平稳性会导致谬误回归。在实证分析中，为了判断时间序列是否平稳，通常需要进行单位根检验。采取 Augmented Dickey - Fuller（ADF）检验方法对所有变量进行单位根检验。从表 9-2 的单位根检验结果可以看出，粮食零售价格指数和居民消费物价指数的对数形式都是不平稳序列，存在单位根，但通过一阶差分转换后都为平稳序列，不存在单位根，且两个序列都是一阶单整序列，可以进一步检验两个变量之间的长期均衡关系。

表 9-2 变量的单位根检验

变量	ADF 统计量	P 值	是否拒绝原假设	结论
$LNGPI$	-3.032	0.123	接受	不平稳
$LNCPI$	-2.786	0.202	接受	不平稳
$DLNGPI$	-6.212	0.000	拒绝	平稳
$DLNCPI$	-4.926	0.000	拒绝	平稳

尽管粮食零售价格指数与居民消费物价指数两组时间序列数据为非平稳序列，但如果它们的某种线性组合呈现稳定性，那么这两个变量之间便存在长期稳定的关系，即协整关系。表 9-2 的检验结果表明，$LNGPI$ 和 $LNCPI$ 序列的一阶差分均平稳，满足协整检验的前提。采用 E-G 两步法对两组变量进行协整检验，首先对时间序列数据进行最小二乘回归得到残差序列，然后再对该残差序列进行单位根检验。从表 9-3 的检验结果来看，ADF 检验值为 -3.699，显著性水平为 1% 的临界值为 -2.646，前者的绝对值大于后者，所以残差序列通过了置信度为 99% 的平稳性检验，说明 $LNGPI$ 和 $LNCPI$ 具有协整关系。

表 9-3 残差序列的 ADF 检验结果

	ADF 统计量	1%临界值	5%临界值	10%临界值
$LNCPI\text{-}LNGPI$	-3.699	-2.646	-1.950	-1.604

根据协整检验，进一步写出协整方程为：$LNCPI = 0.628 LNGPI + 1.717$。从该协整方程可以看出，粮食价格和 CPI 之间存在长期的互动关系，两者同

步变动。对该协整方程进行平稳性检验，检验结果如图 9-2 所示。

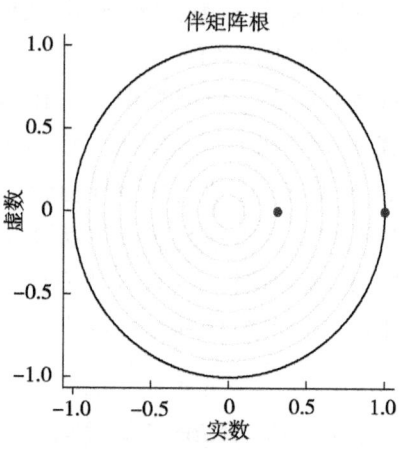

图 9-2 伴随矩阵特征值

对于协整方程的平稳性检验，一般地，模型有一个特征值为 1.0，对于其他特征值，如果任何一个值接近于 1.0，我们就应该怀疑协整方程不平稳。在第一个 CPI 方程中，模型有一个特征值为 1.0，另一个特征值为 0.314，协整方程平稳。

协整方程给出了粮食价格与 CPI 之间的长期均衡关系。因此，在长期均衡的基础上，建立向量误差修正模型 VEC 模型来探讨变量之间的短期关系，利用 AIC 准则确定模型的最优滞后阶数为 1，VEC 模型估计结果如下：

$DLNCPI_t = -0.233(LNCPI_{t-1} - 0.628LNGPI_{t-1} - 1.717) + 0.0007$。

VEC 模型估计结果表明，在短期内 CPI 受到本身及粮食价格波动的影响。模型的误差修正项的系数为 -0.233，显著小于 0，符合反向修正机制，即当系统的短期波动偏离长期均衡状态时，误差修正项将以 -0.233 的调整力度将 CPI 从短期非均衡状态拉回到长期均衡状态，也就是说上一期的粮食价格和 CPI 的非均衡误差对本期的非均衡的调整力度为 23.3%。

经济学采用格兰杰因果检验判断一个变量是否是另一个变量变化的原因。根据 AIC 准则确定滞后期，并基于 VAR 模型对粮食价格与 CPI 之间的互动关系进行格兰杰因果检验，检验结果如表 9-4 所示。

表 9-4　粮食价格与 CPI 变动的格兰杰因果关系检验结果

零假设	χ^2 统计量	P 值	结论
$LNGPI$ 不是 $LNCPI$ 增长的原因	3.617	0.057	拒绝零假设
$LNCPI$ 不是 $LNGPI$ 增长的原因	1.885	0.170	接受零假设

表 9-4 的检验结果表明，在 10% 的显著性水平下，粮食价格与 CPI 之间只存在单向的因果关系，即粮食价格变动是 CPI 上涨的格兰杰原因，但 CPI 上涨并不是粮食价格变动的格兰杰原因。

第五节　本章小结

本章在考察粮食产需变动的基础上，应用协整检验、误差修正模型和格兰杰因果关系检验等计量方法，分析了 1978—2012 年粮食价格波动对 CPI 的影响。分析结果表明：①粮食价格与 CPI 之间存在长期的均衡关系，当粮食价格上涨 1% 时，CPI 将会上升 0.628%；②从短期来看，当 CPI 受到冲击偏离长期均衡时，误差修正项将以 23.3% 的调整力度将 CPI 从短期非均衡拉回到长期均衡状态；③格兰杰因果关系检验表明，粮食价格变动是引起 CPI 变化的格兰杰原因，但 CPI 变动并不是粮食价格变化的格兰杰原因。

从研究结论可知，无论长期还是短期，粮食价格波动都有可能会对物价水平产生一定的影响。因此，在发展农村农业、促进农民增收的同时，为避免粮食价格波动对物价带来冲击，进而对经济造成负面影响，政府可以采取经济、法律及行政等相关手段对粮食的生产、流通和消费等各个环节进行调节和控制，稳定粮食市场，使主要粮食品种价格保持在一个合理的范围内并与总体物价水平相协调，避免大幅波动。

一是深化改革，完善体制机制。坚持市场化改革方向，按照市场定价、价补分离的原则，积极完善粮食价格形成机制和粮食收储制度，落实粮食收购政策。完善地方储备粮管理制度，储足管好地方粮食储备，建设运作规范、运转高效的现代粮食安全储备体系。完善粮食价格和市场调控机制，着力打造统一开放、竞争有序的现代粮食市场体系。加强粮食应急保供制度建设，健全粮食应急保供体系，建设布局合理、覆盖全面的粮食应急保供体系。完善粮食质量安全保障机制，建设监测全覆盖、监管无盲区的粮食质量安全保障体系。健全粮食价格监测预警体系并强化粮食市场价格监测，针对粮价异常的情况做出预警预报，在粮食价格波动传导到物价之前及时启用相应的措施，平抑粮价并避免物价大幅波动。

二是加快建设，提升粮库功能。在流通方面，设立了粮食专项储备制度，以粮食库存储备来调节粮食产出的季节性和消费的平稳性之间的矛盾，调节粮食供求平衡、平抑价格波动并稳定市场。但是，目前各级粮食储备库点存在的问题正日益突显，首先，国有粮食企业储备库点仓房设施陈旧，储粮设备老化，其中部分仓容属于"危仓老库"，有的仓容已不适合储存粮食，亟待报废或大修，且隐患较多，已不符合现代化的储粮要求；其次，虽然近年来全国粮食储备仓储规模逐渐增大、库点有所集中，但总体上各仓储库区小而散的现象依然突出，布局分散，经营成本高，行政监管难；而且粮食仓储库点整体配套设备落后，"四散化"储粮机械配套严重不足，流通效率亟待提高；最后，粮食仓储信息化水平仍然偏低。因此，建议有关部门应加大力度升级改造老旧仓库，加快建设新型粮库和仓储设施，推进粮食仓储的信息化，提升粮库功能，以形成布局科学、设施先进、功能完善、运行高效的粮食仓储体系，保障粮食安全，稳定市场价格。

附 录

农业生产经营与农户融资意愿调查问卷

感谢您接受我们的调研,我们保证调研所得数据仅作学习研究之用,不会泄露您的个人信息。

地点 [省(直辖市、自治区)市(县)镇村] _____

农户姓名:_____ 日期:___年___月___日 调研员:_____

A 家庭特征

A1 家庭成员信息识别	户主	劳动力1	劳动力2	劳动力3	劳动力4	劳动力5
(1) 性别 1=男;0=女						
(2) 年龄(周岁)						
(3) 务农年限(年)						
(4) 是否接受过农业技能培训 1=是;0=否						
(5) 是否接受过职业技能培训 1=是;0=否						
(6) 就业情况 1=务农;2=外出务工;3=兼业						
(7) 若外出务工,地点 1=市县内;2=省内;3=省外						
(8) 若外出务工,是否签订劳动合同 1=是;0=否						
(9) 若外出务工,外出务工年收入(元)						

续表

A1 家庭成员信息识别	户主	劳动力1	劳动力2	劳动力3	劳动力4	劳动力5
(10) 参保情况（可多选）：1 = 老农保；2 = 新农保；3 = 新农合；4 = 商业保险；5 = 农业保险；0 = 否						

A2 户主及家庭信息识别

(1) 户主教育程度　1 = 未上学；2 = 小学；3 = 初中；4 = 高中；5 = 大学及以上

(2) 户主是否结婚　1 = 已婚；2 = 离婚；3 = 丧偶；0 = 未婚

(3) 户主身份　1 = 创业大学生；2 = 资深农民；3 = 外出务工的农民工；4 = 返乡农民工；5 = 市民；6 = 其他

(4) 家庭总人口数共_____人，其中，14岁及以下共_____人、65岁及以上共_____人

(5) 家庭在村中定居时间　1 = 祖居；2 = 父辈迁入；3 = 本辈定居；4 = 流动人口

(6) 家庭生产性固定资产（农机具、厂房等）净值（万元）_____	(7) 您家住房净值（万元）_____
(8) 是否是信用社的"信用户"　1 = 是；0 = 否	(9) 是否是信用社社员（股东）　1 = 是；0 = 否
(10) 是否是中共党员　1 = 是；0 = 否	(11) 是否是村干部　1 = 是；0 = 否
(12) 是否有亲朋在银行、事业单位或村委工作　1 = 是；0 = 否	(13) 本村是否有信贷员　1 = 是；0 = 否

A3 村庄/社区基本信息

(1) 村庄类型　1 = 普通乡村；2 = 乡镇驻地；3 = 城郊结合地；4 = 既是乡镇驻地又是城郊结合地

(2) 对村庄道路交通情况的满意度　1 = 非常不满意；2 = 不满意；3 = 一般；4 = 满意；5 = 非常满意

(3) 对村庄公共治理的满意度　1 = 非常不满意；2 = 不满意；3 = 一般；4 = 满意；5 = 非常满意

(4) 本村集体：a. 是否实行统一灌溉排水　1 = 是；0 = 否
b. 是否提供机耕服务　1 = 是；0 = 否　c. 是否实行统一防病虫害　1 = 是；0 = 否
d. 是否提供统一购买生产资料的服务　1 = 是；0 = 否
e. 是否实行种植规划　1 = 是；0 = 否　　f. 是否组织、安排劳动力外出　1 = 是；0 = 否

B 生产消费情况

B1 生产经营情况		
(1) 您家是家庭农场经营模式吗？1 = 是；0 = 否		(2) 您家 10 年内共经历过____次土地调整
(3) 您家经营土地面积共_____亩，地块数量共_____块。其中，租入土地面积_____亩，租入土地租金_____元/（亩·年）；租出土地面积_____亩，租出土地租金_____元/（亩·年）		
(4) 您家土地流转通过土地流转平台吗？1 = 租入通过；2 = 租出通过；3 = 否		(5) 您家耕地是否确权？1 = 是；0 = 否
(6) 您家未来是否会有土地流转的意愿？1 = 希望流入；2 = 希望流出；3 = 希望保持不变；4 = 不确定		

B2 粮食生产经营情况		水稻	小麦	玉米
土地	(1) 播种面积（亩）			
	(2) 地块数量（块）			
劳动	(3) 家庭用工（工日）			
	(4) 雇工（工日）			
	(5) 邻里亲戚换工（工日）			
资本	(6) 种子费（若自留种子，按照市场价格折算）（元）			
	(7) 化肥费（元）			
	(8) 农药费（元）			
	(9) 机耕机播等机械作业费（若自家机械，按市场价格算）（元）			
	(10) 其他投入费用（元）			
(11) 总产量（kg）				
(12) 平均销售价格（元/kg）				

B3 家庭收入与消费	
(1) 消费（元/年）	a. 教育支出_____元；b. 婚丧嫁娶_____元；c. 医疗支出_____元；d. 买房装修_____元；e. 人情来往_____元；f. 保费支出_____元；g. 其他项目（注明）_____
(2) 收入（元/年）	a. 家庭经营性收入_____元，其中农业收入_____元；b. 家庭工资性收入_____元；c. 家庭财产性收入：金融资产收入_____元、租赁收入（土地、住房、农机具、车辆等租赁）_____元、土地征用补偿收入_____元、房屋拆迁补偿_____元、其他（注明）_____；d. 家庭农业补贴收入共_____元，其中农机具购置补贴_____元、土地流转补贴_____元、农业保险补贴_____元

C 家庭风险偏好

C1 如果中彩票 100 万元，是否会选择退休？1 = 是；0 = 否
C2 有两份工作：（1）每个月工资 2800 元；（2）每个月的工资不确定，有 50% 的可能性是 0 元，50% 的可能性是 5600 元，您会选择？1 =（1）；2 =（2）；3 = 都行
C3 您或您的家人是通过什么渠道了解保险的？1 = 广告；2 = 好友推荐；3 = 代理人；4 = 银行；5 = 其他
C4 哪个险种发生过理赔？1 = 老农保；2 = 新农保；3 = 新农合；4 = 商业保险；5 = 农业保险；0 = 否
C5 保险公司赔付保险金是否及时？1 = 是；0 = 否　　C6 理赔额占损失额的比例_____

D 融资意愿与民间金融调查

D1 本乡镇正规金融机构数量_____。

D2 具有贷款业务的正规金融机构数量_____。

D3 跟去年比，银行网点数有没有变化？1 = 减少；2 = 不变；3 = 增加；4 = 不清楚。

D4 自己家到最常去银行的距离（km）_____。

D5 为您提供金融服务的是：1 = 农商行（农信社）；2 = 农业银行；3 = 邮储银行；4 = 村镇银行；5 = 其他商业银行（注明）。

D6 与银行业务往来已有_____年。

D7 办理业务种类：1 = 存款；2 = 贷款；3 = 理财；4 = 支付结算；5 = 代收代付；6 = 电子银行；7 = 创业培训；8 = 信息共享；9 其他。

D8 最近三年本地有哪些民间金融活动？（可多选）1 = 私人低息或无息借贷；2 = 高利贷；3 = 标会、合会等；4 = 私人钱庄存贷款；5 = 参股亲戚朋友的企业；6 = 不清楚；7 = 其他（注明）。

D9 当地民间借贷年息_____。

D10 农户贷款支付意愿（WTP）。

贷款期限	初始规模与初始利率的选择		S：初始利率以1%（年息）的增幅逐渐上升的WTA		J：初始利率以1%的幅度逐渐下降时的WTP	
	初始规模	初始利率	利率	规模	利率	规模
1年及以内（一般农户贷款都以1年为期）						

E 创业情况

E1 创业初始情况（2015年以来）

项目名称：_____ 开始于_____年

(1) 项目地点	1 = 本村；2 = 本乡镇；3 = 本县市；4 = 本省；5 = 外省；6 = 国外	(2) 本组创业家庭数_____个
	农业领域	非农领域
(3) 项目领域	1 = 农林牧渔业专业大户；2 = 农业加工大户；3 = 农机服务大户；4 = 植保服务大户；5 = 销售大户和农产品经纪人；6 = 创办农民专业合作组织；7 = 涉农服务业或制造业内开办作坊、工厂或企业	8 = 个体工商户（开店、家庭作坊）；9 = 开办工厂；10 = 创办企业
(4) 项目业态	1 = 规模化经营；2 = 新技术应用；3 = 新产品推广；4 = 开展新业务；5 = 建立新组织；6 = 其他（注明）	
(5) 收入和成本（元/年）	1 = 毛收入_____；2 = 利息成本_____；3 = 劳动力成本_____；4 = 水电费_____；5 = 原材料投入_____；6 = 生产设备购置或租赁成本_____；7 = 厂房（门面）购置或租赁成本_____；8 = 其他_____	
(6) 组织形式	1 = 个体户；2 = 与人合伙；3 = 独资创办企业；4 = 股份合作企业；5 = 专业合作社；6 = 其他	
(7) 您打算创业时，自己已经拥有或者能够从别人那里得到足够的资源　1 = 是；0 = 否		
(8) 您打算创业时，非常清楚自己要去做什么事情及如何去做　1 = 是；0 = 否		

E2 社会资本（请在符合受访者情况的选项上打"√"。若没有，请根据受访者实际情况按问题要求填写）

编号	题项	非常不同意	比较不同意	中立	比较同意	非常同意
(1)	我有很多来往频繁的亲戚					
(2)	我可以得到很多老乡的支持					
(3)	我和潜在或已有的客户、生意伙伴建立了密切的联系					

E3 创业绩效

编号	题项	非常不同意	比较不同意	中立	比较同意	非常同意
(1)	所创事业整体运营情况良好					
(2)	所创事业盈利状况很好					
(3)	所创事业规模扩大很快					
(4)	个人收入比创业前有大的提高					

F 正规金融机构贷款意愿

(1) 自 2015 年以来，您是否向正规金融机构申请过贷款？
1 = 是，申请过_____次，机构名称：_____；0 = 否 [跳至 (7)]

(2) 申请后是否得到贷款？1 = 是；0 = 否 [跳至 (9)]

(3) 从申请到得到需要多长时间？1 = 不需等；2 = 等 5 天以内；3 = 等 5~10 天；4 = 等 10 天至一个月；5 = 等一个月以上

(4) 您是否得到您申请的全部金额？1 = 是；0 = 否，得到部分，比例为_____

(5) 借款者与信贷员每月见面次数：_____次

(6) 借款者主要交往的银行管理者的级别？1 = 柜员；2 = 信贷员；3 = 银行部门老总；4 = 行长 [跳至 (10)]

(7) 如果您去申请贷款，您认为他们会给您贷款吗？1 = 是；0 = 否 [跳至 (9)]

(8) 如果您申请就会给您贷款，那您为什么没有申请？选择最重要的一个原因 [跳至 (10)]。
1 = 我不需要贷款；2 = 申请也得不到；3 = 利息太高；4 = 手续太麻烦了，其他贷款成本太高，附加条件多；5 = 借了担心还不起；7 = 贷款额度大小不能满足需要；8 = 不知道贷款手续；9 = 担心抵押的东西拿不回来；10 = 没有银行要求的抵押品；11 = 民间融资渠道；12 = 其他（注明）_____

续表

(9) 申请也得不到贷款，选择最重要的一个原因。 1 = 有银行贷款还没有还；2 = 与信贷员不熟；3 = 信贷员认为我家穷，可能还不了；4 = 其他人去借也没借到；5 = 没有抵押品；6 = 缺担保人；7 = 个人信用低；8 = 其他（注明）_____	
(10) 截至 2016 年年底，您家是否有尚未偿还的贷款？ 1 = 是；0 = 否	(11) 是否拖欠过他们的贷款？1 = 是；0 = 否

G 农户正规和非正规贷款情况（自 2015 年 1 月 1 日以来）

编号	1 贷款时间	2 贷款对象	3 贷款类型	4 抵押担保	5 贷款利率	6 手续费	7 还款方式	8 贷款期限	9 贷款金额	10 贷款用途
(1)										
(2)										
(3)										
(4)										
(5)										
(6)										
(7)										
(8)										
(9)										
(10)										

填表说明：

1 贷款时间：按贷款时间（××年××月）从最近一笔贷款往下排序。

2 贷款对象：1 = 农商行（农信社）；2 = 农行；3 = 邮储银行；4 = 村镇银行；5 = 其他商业银行（注明）；6 = 小贷公司；7 = 农民资金互助社；8 = 亲戚朋友；9 = 高利贷；10 = 网贷；11 = 其他（注明）。

3 贷款类型：1 = 小额信用贷款；2 = 扶贫小额贷款；3 = 农户联保贷款；4 = 教育助学贷；5 = 抵押贷；6 = 担保贷款；7 = 质押贷款；8 = 无息或低息贷款；9 = 其他（注明）。

4 抵押担保：1 = 房屋；2 = 其他固定资产；3 = 农产品；4 = 存单；5 = 亲戚朋友担保；6 = 担保公司担保；7 = 政府担保；8 = 没有抵押担保；9 = 其他（注明）。

5 贷款利率：月息，若月息 1 分，则表示月息为 1%，换算为年息为 12%。

6 手续费：元。

7 还款方式：1 = 按月付息，到期还本；2 = 按月等额还本付息；3 = 到期还本付息；4 = 不约定；5 = 其他。

8 贷款期限：月。

9 贷款金额：万元。

10 贷款用途：1 = 子女上学；2 = 修建住房；3 = 看病；4 = 婚丧嫁娶；5 = 做生意；6 = 购买生产资料；7 = 人情往来；8 = 转借他人；9 = 其他（注明）。

粮食产后收储模式与技术应用调查问卷

农户编号：_____

省市（县）镇村：_____

受访者姓名：_____

访谈时间：_____

联系电话：_____

调查员姓名：_____

填表时间：_____

复核员姓名：_____

录入员姓名：_____

调查员：

（1）请告诉受访者："感谢您接受我们的访谈，所有内容将严格保密并仅用于学术研究，不涉及任何商业用途。您的个人资料仅用于补充必要信息时便于我们联系您。"

（2）"其他"/"不知道"/"NA"：所有"其他"均需说明具体情况，受访者明确表示不知道答案的问题请填"不知道"，经过调研员努力也无法获取答案的问题请填"NA"。

A 农户基本信息

1. 户主性别_____（①男；②女），年龄_____周岁，受教育年限_____年，务农年限_____年，健康状况_____（①较差；②一般；③较好）。

◇ 户主政治面貌_____（①中共党员；②民主党派；③无党派人士；④共青团员；⑤群众）。

◇ 户主是否接受过农业技能培训_____（①是；②否）。

◇ 户主是否接受过职业技能培训_____（①是；②否）。

◇ 户主是否参加了农村养老保险_____（①是；②否）。

◇ 户主是否参加了农村医疗保险_____（①是；②否）。

◇ 户主有过以下经历吗？（可多选）_____（①参军；②当教师；③外出打工；④办过企业/经商；⑤村干部；⑥都没有）

2. 家庭总人口数量（按户籍）_____人，其中18岁以下_____人，65岁以上_____人，劳动力人数共_____人。

◇ 您家外出打工人员共_____人，其中高中及以上文化程度外出打工人员为_____人。

◇ 您家外出打工人员主要务工地点_____（①本县市；②本省；③外省；④其他）。

◇ 去年，您家外出打工年收入为_____万元/年。

◇ 您家务农劳动力共有_____人，务农劳动力的平均年龄为_____岁，初中及以上文化程度务农劳动力人数为_____人。

◇ 在您家务农劳动力中，女性_____人，65岁以上的老人_____人。

◇ 您家务农劳动力是否同时在当地打零工？_____（①是；②否）；若"是"，去年，您家共_____人打零工_____天，打零工收入共_____万元。

（注意：外出打工必须连续达到3个月以上，否则为打零工。）

3. 过去1年，您家各项收入加在一起的年总收入（毛收入）为_____万元。介于以下哪一段？_____

(1) 2万元以下

(2) 2万~5万元

(3) 5万~10万元

(4) 10万~20万元

（5）20万元以上

家庭总收入（元/年）	农业收入（元/年）			非农收入（元/年）			
	粮食作物	经济作物	养殖等其他	工资收入	打工收入	个体经营	其他收入

4. 过去1年，您家各项支出加在一起的年总支出为_____万元。介于以下哪一段？_____

（1）2万元以下

（2）2万~5万元

（3）5万~10万元

（4）10万~20万元

（5）20万元以上

5. 过去1年，您家是否发生了以下重要事件（或一次性支出5000元以上的事件）？（可多选）_____［①男性娶妻；②女性出嫁；③家人考上大学；④小孩出生；⑤老人过寿；⑥家里有人生病住院；⑦家人过世；⑧购置中型大型农机设备；⑨其他（请注明）_____；⑩以上都没有］

◇若发生了重大事件，这些重大事件的发生时间依次为（××年××月）：_____。

6. 您家有以下哪些农用机械/机具？（可多选）_____［①拖拉机；②耕整地机械；③种植机械；④施肥机械；⑤植保机械；⑥排灌机械；⑦收获机械；⑧脱粒机械；⑨清选机械；⑩干燥机械；⑪搬运机械；⑫监测/检测机械；⑬其他（请注明）_____；⑭以上都没有］

您家农用机械基本情况	①拖拉机	②耕整地机械	③种植机械	④施肥机械	⑤植保机械	⑥排灌机械	⑦收获机械	⑧脱粒机械	⑨清选机械	⑩干燥机械	⑪搬运机械
拥有农机数量（台）											
购买农机总金额（万元）											
是否有农机购置补贴？（①是，补贴____万元；②否）											
您家农机类型？（①自带动力型；②拖拉机牵引；③畜力牵引；④人力机械；⑤其他）											
若"①"，农机品牌											
农机动力（kW）											
您家农机的主要用途？（①仅自用；②半租赁半自用；③仅用于租赁；④自用+为他人提供农机服务；⑤仅用于为他人提供农机服务；⑥其他____）											
若②或③（出租农机，平均出租价格（元/天）											

注：①拖拉机：手扶拖拉机、轮式拖拉机、履带式拖拉机等。
②耕地整地机械：铧式犁、翻转犁、圆盘犁、旋耕机、微耕机、耕整机、田园管理机、开沟机（器）、浅松机、深松机、机滚船、联合整地机、复式犁、悬挂犁等。
③种植机械：播种机、扶苗移栽机等。
④施肥机械：施肥机、撒肥机、追肥机等。
⑤植保机械：喷雾机具、喷粉机具、喷烟机具、航空无人机具等。
⑥排灌机械：水泵、水轮泵、喷灌设备、滴灌设备等。
⑦收获机械：割晒机、割捆机、联合收割机收获机等。
⑧脱粒机械：稻麦脱粒机、玉米脱粒机等。
⑨清选机械：风筛清选机、重力清选机、窝眼清选机、复式清选机等。
⑩干燥机械：谷物烘干机、种子烘干机等。
⑪搬运机械：运输机械（农用挂车、田间运输机、挂桨机等）、装卸机械（码垛机）、农用吊车、皮带输送机、叉车、抓草机等）。
⑫监测、检测机械：水分、温湿度检测/监测、营养成分（氮磷钾等）土壤成分）检测设备等。钉齿耙、弹齿耙、圆盘耙、滚子耙、驱动耙、起垄机、镇压机、灭茬机、起垄机等。

B 农机服务情况

1. 您家是否为其他农户提供粮食生产及产后处理等机械服务？_____
（1）是
（2）否，跳至"C 新型农业经营主体"

2. 您家农机手来自哪里？_____
（1）自己家人
（2）雇用农机手，农机手雇用价格为_____元/天
（3）其他_____

◇ 该农机手在做农机手之前，是否有其他驾驶经验？_____
（1）是，有其他驾驶经验共_____年
（2）否

◇ 在农忙时节，该农机手每天驾驶农机工作_____小时。

◇ 农忙时是否经常夜间进行农机操作？_____
（1）是
（2）否

3. 过去1年，您家为其他农户提供过以下哪些农机服务？（可多选）_____（①耕地整地；②种植；③施肥；④施药；⑤排灌；⑥收获；⑦脱粒；⑧清选；⑨干燥；⑩搬运；⑪其他_____）

过去1年农机服务基本情况	耕整地	种植	施肥	施药	排灌	收获	脱粒	清选	干燥	搬运
农机作业服务年总面积（亩）										
农机作业效率（分钟/亩）										
农机作业收费标准（元/亩）										
农机作业燃油年总成本（元）										
农机保养维修年总费用（元）										
所使用的农机类型（①自带动力型；②拖拉机牵引型；③畜力牵引型；④人力农机具；⑤其他_____）										
若"①或②"，自带动力农机/拖拉机品牌										
该农机/拖拉机动力（标定功率）（kW）										
在提供农机服务时，您使用的农机主要由谁提供？（①自己家；②被服务的农户家庭；③受雇方，如合作社、农业企业等；④其他_____）										
若农机不是您自己家的，您家是否需要支付农机使用费？（①是，支付农机使用费_____元/天；②否）										

◇ 对您家所使用的农机进行评价，选择比较认同的选项：

农机评价选项	耕整地	种植	施肥	施药	排灌	收获	脱粒	清选	干燥	搬运
该农机性价比高，可操作性和适用性强（①不同意；②不太同意；③一般；④比较同意；⑤完全同意）										
该农机故障率较低，运行效果非常稳定（①不同意；②不太同意；③一般；④比较同意；⑤完全同意）										
该农机科技含量高，符合未来发展趋势（①不同意；②不太同意；③一般；④比较同意；⑤完全同意）										
该农机相对其他同类机械，油耗能耗较高（①不同意；②不太同意；③一般；④比较同意；⑤完全同意）										
该农机排放指标完全符合相关标准规定，污染排放小（①不同意；②不太同意；③一般；④比较同意；⑤完全同意）										
该农机该农业机械设备对周边生态环境几乎没有影响（①不同意；②不太同意；③一般；④比较同意；⑤完全同意）										

4. 农机服务定价主要考虑以下哪些因素？（可多选）_____[①作业成本（机械折旧、燃料动力费、机手报酬等）；②农忙时外包服务者的紧缺程度；③其他同行的服务价格；④服务地块特征（地块面积、远近、地形等）；⑤熟人的服务价格较低；⑥前一年服务过的农户价格更低；⑦合作社成员价格更低；⑧其他_____]

5. 您家提供农机服务的方式主要为_____（①自己家个体经营；②受雇于合作社；③受雇于农业企业；④受雇于家庭农场/专业大户；⑤受雇于农技服务中心；⑥其他_____）。

  ◇ 您家农机服务的主要区域范围为_____（①本村；②本乡镇；③本县市；④本省；⑤外省；⑥本省+外省）。

C 新型农业经营主体

1. 本村及附近村庄是否有种植业方面的合作社？_____（①是；②否，跳至本部分第3问）。

  ◇ 该合作社的名称为_____。

  ◇ 该合作社的组建方式是_____（①农民自发组建；②农村能人或大户领办；③农业企业领办；④贩销大户领办；⑤农技部门领办；⑥村委会领办；⑦供销社领办；⑧政府推动组建；⑨其他）。

  ◇ 您家与该合作社的主要成员是否熟悉？_____（①是；②否）。若熟悉，具体关系为_____（①亲戚；②朋友；③熟人；④其他_____）。

  ◇ 您家是否为该合作社社员？_____（①是；②否）。若"是"，到目前为止，您家加入合作社共有_____年；若"否"，您家不加入合作社的原因？_____（①收益不明显；②加入太麻烦；③不想交会员费；④不想服从对方安排；⑤社员和非社员没有明显差别；⑥种植规模低于门槛要求；⑦和对方不熟悉，不太信任；⑧已经加入其他新型农业经营主体了；⑨其他_____）。

2. 您家是否与种植业合作社有过书面或口头服务协议？_____（①是；②否，跳至本部分第3问）。

  ◇ 您家签订的服务协议类型？（可多选）_____（①土地流转；②土地全托管；③农资采购；④生产环节服务；⑤产后处理服务；⑥储运服务；⑦销售协议，收购农产品；⑧新技术采纳；⑨其他_____；⑩以上都没有）。

◇ 与该合作社合作，您家是否有过违约经历？_____（①是；②否）。若违约，违约主要原因是什么？（可多选）_____（①对方提供的农资质量不可靠或价格偏高；②对方提供的服务质量不可靠或价格偏高；③对方规定的收获时间超前或推迟，履约有损失；④对方要求的生产方式或产后处理方式太麻烦；⑤销售时产品质量定级有分歧；⑥销售价格低于市场价格；⑦对方拖欠货款，延迟支付；⑧其他_____）。

3. 您家是否与农业企业有过书面或口头协议？_____（①是；②否，跳至本部分第 4 问）。

◇ 该农业企业的名称为_____。

◇ 该农业企业所有制性质是_____（①国有农业企业；②集体所有制；③股份制；④联营企业；⑤私营企业；⑥中外合资企业；⑦其他）。

◇ 您家与该农业企业的负责人或主要成员是否熟悉？_____（①是；②否）。若熟悉，具体关系为_____（①亲戚；②朋友；③熟人；④其他_____）。

◇ 您家与该农业企业签订的服务协议类型？（可多选）_____（①土地流转；②土地全托管；③农资采购；④生产环节服务；⑤产后处理服务；⑥储运服务；⑦销售协议，收购农产品；⑧新技术采纳；⑨其他_____；⑩以上都没有）。

◇ 与该农业企业合作，您家是否有过违约经历？_____（①是；②否）。若违约，违约的主要原因是什么？（可多选）_____（①对方提供的农资质量不可靠或价格偏高；②对方提供的服务质量不可靠或价格偏高；③对方规定的收获时间超前或推迟，履约有损失；④对方要求的生产方式或产后处理方式太麻烦；⑤销售时产品质量定级有分歧；⑥销售价格低于市场价格；⑦对方拖欠货款，延迟支付；⑧其他_____）。

4. 本村及附近村庄是否有家庭农场/专业大户？_____（①是；②否，跳至"D 土地经营情况"）。

◇ 您家与家庭农场/专业大户的负责人或主要成员是否熟悉？_____（①是；②否）。若熟悉，具体关系为_____（①亲戚；②朋友；③熟人；④其他_____）。

5. 您家是否与家庭农场/专业大户有过书面或口头协议？_____（①是；②否，跳至"D 土地经营情况"）。

◇ 您家与家庭农场/专业大户签订的服务协议类型？（可多选）_____

(①土地流转；②土地全托管；③农资采购；④生产环节服务；⑤产后处理服务；⑥储运服务；⑦销售协议，收购农产品；⑧新技术采纳；⑨其他_____；⑩以上都没有）。

◇ 与家庭农场/专业大户合作，您家是否有过违约经历？_____（①是；②否）。若违约，违约的主要原因是什么？（可多选）_____（①对方提供的农资质量不可靠或价格偏高；②对方提供的服务质量不可靠或价格偏高；③对方规定的收获时间超前或推迟，履约有损失；④对方要求的生产方式或产后处理方式太麻烦；⑤销售时产品质量定级有分歧；⑥销售价格低于市场价格；⑦对方拖欠货款，延迟支付；⑧其他_____）。

D 土地经营情况

1. 集体分配给您家的土地总面积为_____亩，共有地块数_____块。
2. 您家主要农作物种植情况

过去1年主要农作物种植情况	稻谷	小麦	玉米	经济作物
种植面积（亩）				
种植地块数量（块）				
亩均产量（kg/亩）				—
农作物总产量（kg）				—
其中，农作物总产量中多大比例用于销售？				
种植最主要原因：（①经济收益较好；②政府政策扶持；③种植简单便捷；④市场前景较好；⑤供自己家食用；⑥其他_____)				
是否愿意扩大种植规模？（①是；②否）				
若"是"，扩大种植规模最主要的困难（可多选）：（①市场约束；②资金约束；③土地约束；④缺乏技术优势；⑤市场风险大；⑥自然风险大；⑦其他）				
您觉得种植该作物是否存在自然风险（自然因素导致的损失）？（①是；②否）				
若"是"，风险程度如何？（①风险不大；②一般；③风险非常大）				
是否参加农业保险？（①是；②否）				
若"是"，单位保额（元/亩）				
单位保费中，政府补贴保费（元/亩）				
是否有农技员为您提供技术指导？（①是；②否）				
若"是"，技术指导次数（次）				

续表

过去1年主要农作物种植情况	稻谷	小麦	玉米	经济作物
指导及时性（①不太及时；②一般；③比较及时）				
指导的作用（①不太有用；②一般；③比较有用）				
您对技术指导满意吗？（①不太满意；②一般；③比较满意）				
您家农作物种植单位面积共获得补贴多少元？（元/亩）				
您家是否愿意将粮食种植各环节全托管（收成归您家所有）？（①是；②否）				
以下哪些粮食种植环节您家愿意外包？（可多选）（①耕地整地；②育秧育苗；③播种移栽；④施肥；⑤施药；⑥灌溉；⑦收获；⑧脱粒；⑨清选；⑩干燥；⑪储藏；⑫搬运；⑬其他_____）				

3. 您家是否有土地租入或租出（无论是否有租金）？_____（①是；②否，请跳至本部分第4问）

	土地租入或租出	答案/选项
土地租出	出租土地面积（亩）	
	出租土地的地块数（块）	
	单位面积年租金（元/亩）	
	出租对象（①合作社；②农业企业；③专业大户/家庭农场；④亲戚朋友；⑤其他_____）	
	出租土地现在的用途（可多选）（①种植稻谷；②种植小麦；③种植玉米；④种植经济作物；⑤畜牧渔业养殖等；⑥非农用途；⑦其他_____）	
土地租入	租入土地面积（亩）	
	租入土地的地块数（块）	
	单位面积年租金（元/亩）	
	主要租入谁家的土地？（①亲戚朋友；②其他农户；③村集体；④其他_____）	
	租入土地现在的用途（可多选）（①种植稻谷；②种植小麦；③种植玉米；④种植经济作物；⑤畜牧渔业养殖等；⑥非农用途；⑦其他_____）	

4. 您家是否有土地入股？_____（①是；②否，请跳至本部分第5问）

土地入股	答案/选项
土地入股面积（亩）	
入股对象（①合作社；②农业企业；③专业大户；④家庭农场；⑤其他_____）	
入股合作期限（年）	
分红方式（①按年分红；②合同签订_____年后结算，之后按年分红；③其他_____）	
是否有保底分红？（①是，保底分红为_____元/（亩·年）；②否）	
截至目前，您家是否获得过分红？（①是；②否）	
若"①是"，年均每亩土地分红多少元？[元/（亩·年）]	
若"①是"，您对所得分红满意吗？（①不太满意；②一般；③比较满意）	
入股土地现在的用途（可多选）（①种植稻谷；②种植小麦；③种植玉米；④种植经济作物；⑤畜牧渔业养殖等；⑥非农用途；⑦其他_____）	

5. 您家是否有土地转让？_____（①是；②否，请跳至"E 全托管模式"）

土地转让	答案/选项
土地转让面积（亩）	
转让对象（①合作社；②农业企业；③专业大户；④家庭农场；⑤亲戚朋友；⑥其他_____）	
年转让费（元/亩）	
转让费支付方式（①签约一次付清；②签约交定金，_____天内付清；③其他_____）	
转让土地现在的用途（可多选）（①种植稻谷；②种植小麦；③种植玉米；④种植经济作物；⑤畜牧渔业养殖等；⑥非农用途；⑦其他_____）	

E 全托管模式

（注意：土地全托管指农户把土地托给合作组织等代为耕种管理，收获农产品归农户的做法。）

1. 您家农作物种植是否选择全托管模式？_____

（1）是

（2）否

◇若"是"，选择全托管的原因？（可多选）_____（①年终收益有保

障；②没有时间种地；③年纪大了，身体不好；④家里劳动力不够；⑤图省事；⑥技术水平欠缺；⑦其他_____)

◇若"否"，不选择全托管的原因？（可多选）_____（①自己家劳动力多；②全托管服务费贵；③全托管收益偏低；④全托管不太放心；⑤全托管作业粗放；⑥担心政策变化失去土地；⑦种植规模不大，没必要全托管；⑧当地没有全托管模式；⑨其他_____)

◇若"否"，请跳至"F 粮食收储运销"。

2. 全托管基本情况

全托管基本情况	答案/选项
主要托管品种（①稻谷；②小麦；③玉米；④经济作物：_____)	
全托管面积（亩）	
全托管期限（年）	
全托管对象（①合作社；②农业企业；③专业大户；④家庭农场；⑤其他_____)	
若"①合作社"，合作社会员在全托管时会有优惠吗？（①是；②否）	
全托管服务费（元/亩）	
服务费支付方式？（①对方先垫付，收获后付款；②签约时付清；③签约交定金，_____天内付清余款；④其他_____)	
谁为所托土地缴纳农业保险？（①自己；②对方；③不缴纳；④其他_____)	
谁为所托土地提供农资？（①对方免费提供所有农资；②自己购买对方提供的低于市场价格的农资；③自己到市场上购买农资；④其他_____)	
若"②"或"③"，所有农资共需多少元？（元）	
土地全托管是否有保底产量？（①是，保底亩产量为_____kg/亩；②否）	
若"是"，当产量低于保底产量时，对方是否照市场价赔偿？（①是；②否）	
若"是"，当产量超出保底产量时，超出产量多大比例归农户所有？	
去年您家土地全托管实际收获粮食的单产为多少？（kg/亩）	
您对全托管服务的价格满意吗？（①不太满意；②一般；③比较满意）	
对方作业精细吗？（①很粗糙；②较粗糙；③一般；④较精细；⑤很精细）	

3. 您家全托管作物品种是否为粮食作物？（①是；②否，跳至"F 粮食收储运销"）

4. 您家种植粮食作物全托管的服务内容主要为以下哪种？_____

(1) 从耕种到收获结束的全部作业。请跳至"F 粮食收储运销'2. 脱粒环节'"。

(2) 从耕种到干燥结束的全部作业。请跳至"F 粮食收储运销'5. 储粮环节'"。

F 粮食收储运销

◇ 您家是否种植粮食作物？_____

（1）是

（2）否，跳至"G 政府补助"

1. 收获环节

收获环节		稻谷	小麦	玉米
您家主要的收割方式（①机械；②人工）				
机械收获	作业效率（分钟/亩）			
	收割机类型［①小型自带动力机械；②大型自带动力（联合）机械；③拖拉机牵引型机械；④其他_____］			
	收割机由谁提供？（①自己家；②合作社；③农业企业；④专业大户/家庭农场；⑤当地其他农民；⑥外省农机服务者；⑦其他_____）			
	收割机的机手由谁提供？（①自己家；②合作社；③农业企业；④专业大户/家庭农场；⑤当地其他农民；⑥外省农机服务者；⑦其他_____）			
	包含机械机手费、燃油费、化肥费等，折算单位面积收割费用（元/亩）			
	机械收割损失率（①1%及以下；②1%~2%；③2%~3%；④3%~4%；⑤4%~5%；⑥5%~6%；⑦6%~7%；⑧7%以上）			
	损失原因（可多选）（①没有适时收割；②天气不好；③作业不够精细；④收割机机型陈旧，性能不好；⑤机手不够熟练；⑥家里人手不够；⑦其他_____）			
人工收获	您家人工收割共需多少人天？（人天）			
	人工收获所用农具（①人力收割机；②镰刀等传统农具；③其他_____）			
	是否请人帮忙或雇用劳动力进行收割？（①是；②否）			
	若"是"，请人帮忙或雇用劳动力收割共花了多少元？（元）			
	人工收割损失率（①1%及以下；②1%~2%；③2%~3%；④3%~4%；⑤4%~5%；⑥5%~6%；⑦6%~7%；⑧7%以上）			
	人工收割损失的主要原因（可多选）（①没有适时收割；②天气不好；③作业不够精细；④收割人员技术不够熟练；⑤家里人手不够；⑥其他_____）			

续表

收获环节	稻谷	小麦	玉米
您家粮食收割环节是否外包？（①是；②否）			
若"是"，收割外包服务由谁提供？（①合作社；②农业企业；③专业大户/家庭农场；④农技服务中心；⑤当地其他农民；⑥外省农技服务者；⑦其他＿＿＿）			
若"否"，收割不外包的原因（可多选）〔①自己家劳动力多；②外包费用高；③自己家更仔细，浪费少；④种植规模小，没必要；⑤当地没有（不适用）收割外包；⑥和对方不熟；⑦自己家有收获机械；⑧其他＿＿＿〕			
您家收割是否及时？（①过早收割；②适时收割；③较晚收割）			
您家收割时的天气？（①极端恶劣；②较恶劣；③一般；④较晴朗；⑤非常晴朗）			
您家收割作业的精细度？（①很粗糙；②较粗糙；③一般；④较精细；⑤很精细）			
您家收割时人手足够吗？（①很缺乏；②较缺乏；③一般；④较充足；⑤很充足）			

2. 脱粒环节

脱粒环节		稻谷	小麦	玉米
您家是否采用联合收割机，粮食脱粒是否已在收割时完成？（①是，跳至"3. 清粮环节"；②否）				
您家主要采用何种方式脱粒？（①机械；②人工）				
机械脱粒	机械脱粒作用效率（分钟/亩）			
	脱粒机类型（①小型自带动力型；②大型自带动力型；③其他＿＿＿）			
	脱粒机由谁提供？（①自己家；②合作社；③农业企业；④专业大户/家庭农场；⑤当地其他农民；⑥外省农机服务者；⑦其他＿＿＿）			
	脱粒机的机手由谁提供？（①自己家；②合作社；③农业企业；④专业大户/家庭农场；⑤当地其他农民；⑥外省农机服务者；⑦其他＿＿＿）			
	机手熟练程度（①不熟练；②不太熟练；③一般；④比较熟练；⑤非常熟练）			
	包含机械、机手和燃油费等，折算单位面积脱粒费用（元/亩）			
	机械脱粒损失率（①1%及以下；②1%～2%；③2%～3%；④3%～4%；⑤4%～5%；⑥5%～6%；⑦6%～7%；⑧7%以上）			
	机械脱粒损失的主要原因（可多选）（①脱粒时粮食潮湿；②脱粒时杂草过多；③脱粒不够精细；④脱粒机机型陈旧，性能不好；⑤脱粒机手不熟练；⑥脱粒时家里人手不够；⑦其他＿＿＿）			

续表

	脱粒环节	稻谷	小麦	玉米
人工脱粒	您家人工脱粒共需多少人天？（人天）			
	人工脱粒所用农具（①人力脱粒机；②木锨、磙子等传统农具；③其他_____）			
	是否与其他农户互助脱粒？（①是；②否）			
	是否请人帮忙或雇用劳动力进行脱粒？（①是；②否）			
	若"是"，请人帮忙或雇用劳动力脱粒共花了多少元？（元）			
	若"否"，原因是什么？（①请人、雇人成本高；②别人脱粒作业粗糙；③自己家劳动力足够；④找不到人帮忙；⑤其他_____）			
	人工脱粒损失率（①1%及以下；②1%~2%；③2%~3%；④3%~4%；⑤4%~5%；⑥5%~6%；⑦6%~7%；⑧7%以上）			
	人工脱粒损失的主要原因（可多选）（①劳动态度差；②粮食潮湿；③作业不够精细；④脱粒人员不熟练；⑤脱粒时家里人手不够；⑥其他_____）			
	为什么不采用机械脱粒？（可多选）（①自家劳动力多；②机械更贵；③种植规模小，没必要；④当地没有脱粒机；⑤和对方不熟悉；⑥其他_____）			
您家收割后即时脱粒吗？（①全部即时脱粒；②堆放约_____天后再脱粒；③晾晒约_____天后再脱粒；④其他_____）				
您家脱粒场所（①田间地头；②自己家；③晒场；④其他_____）				
您家脱粒时的天气？（①极端恶劣；②较恶劣；③一般；④较晴朗；⑤非常晴朗）				
您家脱粒作业的精细度？（①很粗糙；②较粗糙；③一般；④较精细；⑤很精细）				
您家脱粒时人手足够吗？（①很缺乏；②较缺乏；③一般；④较充足；⑤很充足）				

3. 清选环节

清选环节	稻谷	小麦	玉米
您家清粮是否已与收割或脱粒同时完成？（①是，跳至"4. 干燥环节"；②否）			
您家主要采用何种方式清粮？（①机械；②人工）			

续表

	清选环节	稻谷	小麦	玉米
机械清粮	作业效率（分钟/亩）			
	清粮机类型（①小型自带动力型；②大型自带动力型；③其他_____）			
	清粮设备由谁提供？（①自己家；②合作社；③农业企业；④专业大户/家庭农场；⑤当地其他农民；⑥其他_____）			
	清粮机械的操作人员由谁提供？（①自己家；②合作社；③农业企业；④专业大户/家庭农场；⑤当地其他农民；⑥其他_____）			
	机手熟练程度（①不熟练；②不太熟练；③一般；④比较熟练；⑤非常熟练）			
	包含机械、机手和燃油费等，折算单位面积清粮费用（元/亩）			
	机械清选损失率（①1%及以下；②1%~2%；③2%~3%；④3%~4%；⑤4%~5%；⑥5%~6%；⑦6%~7%；⑧7%以上）			
	机械清选损失的主要原因（可多选）（①清选时粮食潮湿；②清选时杂草过多；③清选不够精细；④清选机机型陈旧，性能不好；⑤清选机手不熟练；⑥清选时家里人手不够；⑦其他_____）			
人工清粮	您家人工清粮共需多少人天？（人天）			
	人工清粮工具（①簸箕；②木锨；③木制风车；④竹床排风扇；⑤其他_____）			
	是否与其他农户互助清粮？（①是；②否）			
	是否请人帮忙或雇用劳动力进行清粮？（①是；②否）			
	若"是"，请人帮忙或雇用劳动力清粮共花了多少元？（元）			
	若"否"，原因是什么？（①请人、雇人成本高；②别人清粮作业粗糙；③自己家劳动力足够；④找不到人帮忙；⑤其他_____）			
	人工清粮损失率（①1%及以下；②1%~2%；③2%~3%；④3%~4%；⑤4%~5%；⑥5%~6%；⑦6%~7%；⑧7%以上）			
	人工清粮损失的主要原因（可多选）（①劳动态度差；②粮食潮湿；③作业不够精细；④清粮人员不熟练；⑤清粮时家里人手不够；⑥其他_____）			
	您家为什么不采用机械清粮？（可多选）［①自己家劳动力多；②机械费用高；③人工清粮更仔细，浪费少；④种植规模小，没必要；⑤当地没有（不适用）机械清粮；⑥和有清粮机械的人不熟悉；⑦其他_____］			

续表

清选环节	稻谷	小麦	玉米
您家清粮时的天气？（①极端恶劣；②较恶劣；③一般；④较晴朗；⑤非常晴朗）			
您家清粮作业的精细度？（①很粗糙；②较粗糙；③一般；④较精细；⑤很精细）			
您家清粮时人手足够吗？（①很缺乏；②较缺乏；③一般；④较充足；⑤很充足）			

4. 干燥环节

干燥环节		稻谷	小麦	玉米
您家脱粒后即时干燥吗？（①不需要干燥，直接入库或销售，跳至"5. 储粮环节"；②全部即时干燥；③部分及时干燥，部分堆放＿＿天后再干燥；④全部堆放＿＿天后再干燥；⑤其他＿＿）				
您家主要采用何种方式干燥？（可多选）（①机械干燥；②自然晾晒）				
机械干燥	日烘干量（t/24小时）			
	干燥机类型（①小型烘干机；②中型烘干机；③大型烘干设备；④其他＿＿）			
	干燥设备由谁提供？（①自己家；②合作社；③农业企业；④专业大户/家庭农场；⑤当地其他农民；⑥其他＿＿）			
	包含机械、燃油费等，折算粮食干燥费用（元/t）			
	您家对机械干燥价格满意吗？（①不太满意；②一般；③比较满意）			
	机械干燥损失率（①1%及以下；②1%~2%；③2%~3%；④3%~4%；⑤4%~5%；⑥5%~6%；⑦6%~7%；⑧7%以上）			
	机械干燥损失原因（可多选）（①干燥不及时；②干燥时天气不好；③干燥前后机械输送损失；④其他＿＿）			
自然晾晒	自然晾晒平均气温多少度？（℃）			
	自然晾晒一共需要大约多少天？（天）			
	自然晾晒共需投入多少劳动力？（人天）			
	自然晾晒场所（可多选）（①水泥晒场；②水泥公路上；③自家屋顶；④自然通风干燥；⑤其他＿＿）			

续表

干燥环节		稻谷	小麦	玉米
自然晾晒	您家自然晾晒粮食平均厚度大概多少？（cm）			
	是否请人帮忙或雇用劳动力进行晾晒？（①是；②否）			
	若"是"，请人帮忙或雇用劳动力晾晒共花了多少元？（元）			
	自然晾晒干燥损失率（①1%及以下；②1%~2%；③2%~3%；④3%~4%；⑤4%~5%；⑥5%~6%；⑦6%~7%；⑧7%以上）			
	自然晾晒干燥损失原因（可多选）（①劳动态度差；②干燥不及时；③干燥时天气不好；④晒场不够；⑤家里人手不够；⑥虫鸟鼠害等；⑦其他_____）			
您家粮食干燥环节是否外包？（①是；②否）				
若"是"，干燥外包服务由谁提供？（①合作社；②农业企业；③专业大户/家庭农场；④农技服务中心；⑤当地其他农民；⑥其他_____）				
若"否"，干燥不外包的原因（可多选）［①自己家劳动力多；②外包费用高；③自己家干燥浪费少，品质高；④种植规模小，没必要；⑤当地没有（不适用）干燥外包；⑥和对方不熟；⑦自己家有干燥机械；⑧其他_____］				
您家干燥时的天气？（①极端恶劣；②较恶劣；③一般；④较晴朗；⑤非常晴朗）				
您家干燥作业的精细度？（①很粗糙；②较粗糙；③一般；④较精细；⑤很精细）				

5. 储粮环节

储粮环节		稻谷	小麦	玉米
您家粮食收获后，在销售之前会进行储藏（包括暂存）吗？（①全部储藏；②部分储藏，其余立即销售；③全部立即销售，请跳至"6. 运销环节"）				
去年您家粮食收获结束，储粮开始的时间是在几月份？（月）				
储入时粮食市场价格（元/kg）				
粮食银行	粮食银行储粮数量：_____kg（若无粮食储粮，请跳至本表中"自家储粮"部分）			
	储粮方式（①活期存粮；②定期存粮；③定活两便；④其他_____）			
	办理储粮是否需要手续费？（①是，手续费为_____元/t；②否）			
	是否收取粮食保管费？（①是，平均每月保管费为_____元/t；②否）			

续表

储粮环节	稻谷	小麦	玉米
粮食银行	储粮是否像存钱可以获得利息？（①是，每月利息为____元/t；②否）			
	您家储粮结算时间（××年××月）			
	结算时的市场价格（元/kg）			
	结算时，您家取出粮食吗？（①取出粮食；②结算粮款，结算粮价为____元/kg；③通过粮食银行向第三方销售粮食，销售粮价为____元/kg）			
	若"①取出粮食"，是否需要向粮食银行支付额外的取粮手续费？（①是，手续费为____元/t；②否）			
	若"②结算粮款"，粮价结算方式（①按市场价格结算；②按市场价格加上粮息结算；③按协议约定价格结算；④其他____）			
	若"③通过粮食银行向第三方销售粮食"，您家是否需要向粮食银行支付售粮手续费？（①是，售粮手续费为____元/t；②否）			
	选择粮食银行的主要原因？（可多选）（①储粮设施更完善；②粮价有保障；③销售更便利；④储运更便宜；⑤储粮损失更小；⑥可以抵押贷款；⑦安全省事；⑧可以兑换粮食烘干、搬运等服务费；⑨其他____）			
	您家对粮食银行的服务及收费满意吗？（①不太满意；②一般；③比较满意）			
自家储粮	自家储粮数量：____kg（若无自家储粮，请跳至"6. 运销环节"）			
	储粮设施（可多选）［①露天散堆；②地面散装储存（麻袋、箩筐等）；③围屯围席；④木质/板仓；⑤砖石仓与水泥仓；⑥新型彩钢小粮仓；⑦其他____］			
	储粮过程中是否使用化学药剂？（①是；②否）			
	储粮设施能达到以下哪些要求？（可多选）（①防火；②防水防潮；③防风；④防霉；⑤防虫；⑥防鼠雀；⑦密闭通风；⑧隔热保温）			
	自家储粮损失率（①1%及以下；②1%～2%；③2%～3%；④3%～4%；⑤4%～5%；⑥5%～6%；⑦6%～7%；⑧7%以上）			
	储粮损失原因（可多选）（①虫鼠害；②霉变；③自然损耗；④其他____）			
	为什么不选择粮食银行储粮？（可多选）（①当地没有粮食银行；②粮食银行收益不明显；③储粮过程太麻烦；④手续费偏高；⑤保管费偏高；⑥对粮食银行不熟悉；⑦不认同银行对粮食等级的认定；⑧其他____）			

6. 运销环节

◇ 您家对市场信息熟悉吗？_____（①不熟悉；②一般；③较熟悉）

◇ 您家获取市场信息的渠道多吗？_____（①较少；②一般；③较多）

◇ 过去1年，您家是否销售过粮食？_____

（1）是

（2）否，跳至"G政府补助"

◇ 您家稻谷主要销售了_____次，小麦主要销售了_____次，玉米主要销售了_____次。

粮食运销	稻谷销售			小麦销售			玉米销售		
	第1次	第2次	第3次	第1次	第2次	第3次	第1次	第2次	第3次
销售时间（××年××月）									
销售数量（kg）									
销售价格（元/kg）									
该销售价格高于同期市场平均价格吗？（①低于市场平均价格；②和市场平均价格一样；③高于市场平均价格）									
您对该销售价格的满意程度？（①不太满意；②基本满意；③非常满意）									
销售渠道？（①储备粮库；②合作社；③农业企业；④农村贩运商或经纪人；⑤超市；⑥批发市场；⑦自由市场；⑧其他____）									
您与该渠道合作方式？（①长期合作；②市场随机合作；③经纪人介绍____）									
您与该渠道的交易协议？（①提前定好的书面协议；②提前定好的口头协议；③现场书面协议；④现场口头协议；⑤其他____）									
您与该渠道达成的交易协议内容主要包括哪些？（①数量；②价格；③质量标准；④交易时间；⑤付款方式；⑥意外时间处理办法；⑦其他____）									
销售时是否需要议价？（①是，平均议价时间约____分钟；②否）									
销售货款结算方式？（①提货两清；②签约付定金，交货付余款；③先交货，延期____天后支付；④其他____）									
交易对方对粮食质量要求严格吗？（①不太严格；②一般；③比较严格）									

续表

粮食运销	稻谷销售			小麦销售			玉米销售		
	第1次	第2次	第3次	第1次	第2次	第3次	第1次	第2次	第3次
交易方是否对粮食质量进行检测？（①是，采用实验室检测装备技术；②是，快速检测装备技术；③否，没有检测；④其他_____）									
您家销售的粮食被定为什么质量等级？（①一等；②二等；③三等；④四等；⑤五等；⑥等外；⑦不知道）									
若定级，您对所定等级满意吗？（①不太满意；②一般；③比较满意）									
粮食装车谁负责？（①自己；②对方；③双方一起；④第三方）									
粮食卸车谁负责？（①自己；②对方；③双方一起；④第三方）									
粮食装卸技术？（①人工装卸；②机械装卸）									
粮食运输谁负责？（①自己；②对方；③双方一起；④第三方）									
运输装粮用具？（①散装散运；②袋装；③塑料袋；④箩筐；⑤其他_____）									
运输工具？（①人力；②畜力；③三轮车；④拖拉机；⑤卡车、货车；⑥其他_____）									
运输距离（km）									
运输时间（小时）									
粮食装卸及运输费用谁负责？（①自己；②对方）									
无论谁负责运输，折算装卸粮及运输费用（元/kg）									
装卸及粮食运输损失率？（①1%及以下；②1%~2%；③2%~3%；④3%~4%；⑤4%~5%；⑥5%~6%；⑦6%~7%；⑧7%以上）									

7. 在粮食产后收储过程中，您认为哪个环节最影响粮食品质？_____
（①收获；②脱粒；③清选；④干燥；⑤储存；⑥运输；⑦其他_____）

8. 在粮食产后收储过程中，您认为哪个环节粮食损耗最大？_____
（①收获；②脱粒；③清选；④干燥；⑤储存；⑥运输；⑦其他_____）

9. 您家主要凭借哪些信息或手段来判断粮食品质？（可多选）_____
（①色泽气味；②水分含量；③杂质含量；④不完善粒；⑤其他方的质量认证；⑥其他_____）

G 政府补助

1. 您家关注近年来我国农业补贴政策及其调整吗？_____

（1）不太关注

（2）一般

（3）比较关注

2. 您家了解近年来我国粮食价格支持政策（粮食收购政策）调整吗？_____（①不太了解；②一般；③比较了解）。

3. 过去 1 年，您家获得过以下哪些相关政府补助？（可多选）_____〔①农机购置补贴；②适度规模经营补贴，如补贴专业大户、家庭农场、合作社等新型农业经营主体；③农业支持保护补贴（"三补合一""三项补贴"）；④农资购买补贴；⑤各环节作业补贴；⑥提供技术指导；⑦协助提供粮食销售渠道；⑧其他_____；⑨以上都没有〕

◇ 过去 1 年，您家共获得政府补贴_____万元。若获得"①农机具购置补贴"，您家共获得农机购置补贴_____万元。

◇ 过去 1 年，您家获得的农业补贴基本情况：

农业补贴		是否获得补贴?（①是；②否）	补贴标准（元/亩）	补贴面积（亩）	补贴对象（①土地所有者；②土地种植者；③农机作业者；④其他____）	补贴条件（≥亩）
适度规模经营补贴						
农业支持保护补贴（"三补合一""三项补贴"）					—	—
农资购买补贴						
各环节作业补贴	耕地整地环节（机耕作业补贴）					
	种植环节（机播栽植作业补贴）					
	施肥环节（测土配方施肥技术补贴）					
	田间管理环节（统防统治补贴）					
	收获环节（机收作业补贴）					
	收获后处理环节（脱粒、清选或干燥）					
	排灌环节补贴					
	储藏环节补贴					
其他补贴：____						

◇ 若当地没有各环节作业补贴，您最希望政府在以上哪几个环节提供补贴？（限填 3 个）_____

H 社会网络与资金流动性约束

1. 去年春节期间，您家来访的亲戚朋友数量共_____人。
2. 过去 1 年，您家全年人情往来等礼金支出共_____元。
3. 您家对周围人的信任程度？_____（①不太信任；②一般；③比较信任）
4. 您家对陌生人的信任程度？_____（①不太信任；②一般；③比较信任）
5. 您家对村干部的信任程度？_____（①不太信任；②一般；③比较信任）
6. 您家与周围人互相帮工的频率？_____（①不互相帮工；②偶尔互相帮工；③经常互相帮工）
7. 您家参与帮助困难村民的频率？_____（①从不参与；②偶尔参与；③经常参与）
8. 您家参加村庄公共事务的频率？_____（①从不参与；②偶尔参与；③经常参与）
9. 您家遇到困难能够借钱帮助您家的人数共_____人。
10. 您家关注国家大事和社会新闻的程度？_____（①不太关注；②偶尔关注；③经常关注）
11. 农户借款情况（自 2017 年 1 月 1 日以来）

序号	1 借款时间	2 借款金额	3 实际金额	4 借款渠道	5 用何抵押	6 用何担保	7 借款利率	8 借款期限	9 借款用途	10 还款来源
1										
2										
3										
4										
5										
6										
7										
8										
9										
10										

填表说明：

1 借款时间：按贷款时间（××年××月）从最近一笔贷款往下排序。

2 借款金额：申请借款金额（万元）。

3 实际金额：实际获得金额（万元）。

4 借款渠道：①农信社/农商行；②商业银行；③村镇银行；④小贷公司；⑤资金互助社；⑥高利贷；⑦亲戚朋友；⑧其他。

5 用何抵押：①房屋；②存单；③农产品；④土地；⑤其他固定资产；⑥无抵押；⑦其他。

6 用何担保：①亲戚朋友担保；②担保公司担保；③政府担保；④农户联保；⑤无担保；⑥其他。

7 借款利息：借款月利率。

8 借款期限：月。

9 借款用途：①子女上学；②修建住房；③看病；④婚丧嫁娶；⑤做生意；⑥购买生产资料；⑦人情往来；⑧转借他人；⑨偿还家里其他借款；⑩其他。

10 还款来源：①卖粮收入；②其他农业收入；③打工收入；④工资性收入；⑤借款偿还；⑥其他。

关于调整完善农业三项补贴政策的指导意见

财农〔2015〕31号

各省、自治区、直辖市、计划单列市人民政府：

近年来，党中央、国务院高度重视农业补贴政策的有效实施，明确要求在稳定加大农业补贴力度的同时，逐步完善农业补贴政策，改进农业补贴办法，提高农业补贴政策效能。遵照党的十八届三中全会和近年来中央1号文件关于完善农业补贴政策、改革农业补贴制度的要求和党中央、国务院统一决策部署，财政部、农业部针对农业补贴政策实施过程中出现的突出问题，深入开展调查研究，在充分征求和广泛听取各方面意见的基础上，提出了调整完善农业补贴政策的建议，经国务院同意，决定从2015年调整完善农作物良种补贴、种粮农民直接补贴和农资综合补贴等三项补贴政策（以下简称农业"三项补贴"）。为积极稳妥推进调整完善农业"三项补贴"政策工作，现提出如下指导意见：

一、在全国范围内调整20%的农资综合补贴资金用于支持粮食适度规模经营

（一）必要性。自2004年起，国家先后实施了农业"三项补贴"，对于促进粮食生产和农民增收、推动农业农村发展发挥了积极的作用，但随着农业农村发展形势发生深刻变化，农业"三项补贴"政策效应递减，政策效能逐步降低，迫切需要调整完善。

一是转变农业发展方式迫切需要调整完善农业"三项补贴"政策。我国农业生产成本较高，种粮比较效益低，主要原因就是农业发展方式粗放，经营规模小。受制于小规模经营，无论是先进科技成果的推广应用、金融服务的提供、与市场的有效对接，还是农业标准化生产的推进、农产品质量的提高、生产效益的增加、市场竞争力的提升，都遇到很大困难。因此，加快转变农业发展方式，强化粮食安全保障能力，建设国家粮食安全、农业生态安全保障体系，迫切需要调整完善农业"三项补贴"政策，加大对粮食适度规模经营的支持力度，促进农业可持续发展。

二是提高政策效能迫切需要调整完善农业"三项补贴"政策。在多数地方，农业"三项补贴"已经演变成为农民的收入补贴，一些农民即使不种粮或者不种地，也能得到补贴。而真正从事粮食生产的种粮大户、家庭农场、农民合作社等新型经营主体，却很难得到除自己承包耕地之外的补贴支持。农业"三项补贴"政策对调动种粮积极性、促进粮食生产的作用大大降低。因此，增强农业"三项补贴"的指向性、精准性和实效性，加大对粮食适度规模经营支持力度，提高农业"三项补贴"政策效能，迫切需要调整完善农业"三项补贴"政策。

（二）基本内容。根据当前化肥和柴油等农业生产资料价格下降的情况，各省、自治区、直辖市、计划单列市要从中央财政提前下达的农资综合补贴中调整20%的资金，加上种粮大户补贴试点资金和农业"三项补贴"增量资金，统筹用于支持粮食适度规模经营。支持对象为主要粮食作物的适度规模生产经营者，重点向种粮大户、家庭农场、农民合作社、农业社会化服务组织等新型经营主体倾斜，体现"谁多种粮食，就优先支持谁"。

支持发展多种形式的粮食适度规模经营，既可以支持以土地有序流转形成的土地适度规模经营，也可以支持土地股份合作和联合或土地托管方式、龙头企业与农民或合作社签订订单实现规模经营的方式、农业社会化服务组织提供专业的生产服务实现区域规模经营等其他形式的粮食适度规模经营。

各地要坚持因地制宜、简便易行、效率与公平兼顾的原则，采取积极有效的支持方式，促进粮食适度规模经营。重点支持建立完善农业信贷担保体系。通过农业信贷担保的方式为粮食适度规模经营主体贷款提供信用担保和风险补偿，着力解决新型经营主体在粮食适度规模经营中的"融资难""融资贵"问题。支持粮食适度规模经营补贴资金，主要用于支持各地尤其是粮食主产省建立农业信贷担保体系，推动形成全国性的农业信用担保体系，逐步建成覆盖粮食主产区及主要农业大县的农业信贷担保网络，强化银担合作机制，支持粮食适度规模经营。也可以采取贷款贴息、现金直补、重大技术推广与服务补助等方式支持粮食适度规模经营。对粮食适度规模经营主体贷款利息给予适当补助（不超过贷款利息的50%）。现金直补要与主要粮食作物的种植面积或技术推广服务面积挂钩，单户补贴要设置合理的补贴规模上限，防止"垒大户"。对重大技术推广与服务补助，可以采取"先服务后补助"、提供物化补助等方式。

二、选择部分地区开展农业"三项补贴"改革试点

（一）必要性。我国作为世界贸易组织成员，对农业的补贴受到世界贸易组织规则的约束。继续增加现有补贴种类的总量，将使我国在世界贸易组织规则总体范围内的支持空间进一步缩小，不利于我国充分利用规则调动种粮农民积极性、进一步提高种粮农民收入水平。因此，需要改革现有农业"三项补贴"制度，将一部分农业补贴转为在世界贸易组织规则中使用不受限制的补贴，如对耕地资源的保护等。同时，加大对粮食适度规模经营的支持力度。为积极稳妥推进改革，有必要选择一部分地区开展试点。

（二）试点内容。2015 年，财政部、农业部选择安徽、山东、湖南、四川和浙江等 5 个省，由省里选择一部分县市开展农业"三项补贴"改革试点。试点的主要内容是将农业"三项补贴"合并为"农业支持保护补贴"，政策目标调整为支持耕地地力保护和粮食适度规模经营。一是将 80% 的农资综合补贴存量资金，加上种粮农民直接补贴和农作物良种补贴资金，用于耕地地力保护。补贴对象为所有拥有耕地承包权的种地农民，享受补贴的农民要做到耕地不撂荒，地力不降低。补贴资金要与耕地面积或播种面积挂钩，并严格掌握补贴政策界限。对已作为畜牧养殖场使用的耕地、林地、成片粮田转为设施农业用地、非农业征（占）用耕地等已改变用途的耕地，以及长年抛荒地、占补平衡中"补"的面积和质量达不到耕种条件的耕地等不再给予补贴。同时，要调动农民加强农业生态资源保护意识，主动保护地力，鼓励秸秆还田，不露天焚烧。用于耕地地力保护的补贴资金直接现金补贴到户。二是 20% 的农资综合补贴存量资金，加上种粮大户补贴试点资金和农业"三项补贴"增量资金，按照全国统一调整完善政策的要求支持粮食适度规模经营。

其他地区也可根据本地实际，比照试点地区的政策和要求自主选择一部分县市开展试点，但试点范围要适当控制。2016 年，农业"三项补贴"改革将在总结试点经验、进一步完善政策措施的基础上在全国范围推开。

三、切实做好调整完善农业"三项补贴"政策的各项工作

调整完善农业"三项补贴"政策事关广大农民群众利益和农业农村发展大局，事关国家粮食安全和农业可持续发展大局。地方各级人民政府及财政部门、农业部门要充分认识调整完善农业"三项补贴"政策的重要意

义,统一思想,高度重视,精心组织,明确责任,加强配合,扎实工作,确保完成调整完善农业"三项补贴"政策的各项任务。

(一)切实加强组织领导。调整完善农业"三项补贴"政策由省级人民政府负总责。地方各级财政部门、农业部门要在人民政府的统一领导下,加强对具体实施工作的组织领导,建立健全工作机制,明确工作责任,密切部门合作,确保工作任务和具体责任落实到位,确保调整完善农业"三项补贴"政策的各项工作落实到位。地方各级财政部门要安排相应的组织管理经费,保障各项工作的有序推进。

(二)认真制定具体实施方案。各省级财政部门、农业部门要结合本地实际,在充分听取各方面意见的基础上,认真制定调整完善农业"三项补贴"政策实施方案,因地制宜研究支持粮食适度规模经营的范围、支持方式,明确时间节点、任务分工和责任主体,明确政策实施的具体要求和组织保障措施。确定的具体实施方案要报请省级人民政府审定同意。各省在研究粮食适度规模经营支持方式过程中要与财政部、农业部进行沟通,省级人民政府审定的实施方案要报财政部、农业部备案。

(三)抓紧落实农业"三项补贴"政策。各地要抓紧制定2015年农业"三项补贴"政策落实方案,调整优化补贴方式,抓紧拨付80%的农资综合补贴资金和全部种粮农民直接补贴、农作物良种补贴资金,及时安全发放到农户,尽快兑付到农民手中。用于支持粮食适度规模经营的资金要抓紧研究制定具体措施,尽快落实到位。试点地区农作物良种推广可以根据需要从上级财政和本级财政安排的农业技术推广与服务补助资金中解决。

(四)切实加强农业"三项补贴"资金分配使用监管。明确部门管理职责,逐步建立管理责任体系。中央财政农业"三项补贴"资金按照耕地面积、粮食产量等因素测算切块到各省,由各省确定补贴方式和补贴标准。省级财政部门、农业部门负责项目的组织管理、任务落实、资金拨付和监督考核等管理工作,督促市县级财政部门、农业部门要做好相关基础数据采集审核、补贴资金发放等工作。对骗取、套取、贪污、挤占、挪用农业"三项补贴"资金的,或违规发放农业"三项补贴"资金的行为,将依法依规严肃处理。

(五)密切跟踪工作进展动态。中央和省级财政部门、农业部门要密切跟踪农业"三项补贴"政策调整完善工作进展动态,加强信息沟通交流,建立健全考核制度,对实施情况进行监督检查。财政部、农业部将深入有关省开展调查研究,及时了解情况,总结经验,解决问题。同时,财政部、农业部将研究制定相关制度,适时对各地农业"三项补贴"政策落实情况进行绩效考核,考核结果将作为以后年度农业补贴资金及补贴工作经费分配的重要因素。

(六)做好政策宣传解释工作。各地要切实做好舆论宣传工作,主动与社会各方面特别是基层干部群众进行沟通交流,赢得理解和支持,为政策调整完善和改革试点工作有序推进创造良好的舆论氛围和社会环境。

财政部　农业部
2015 年 5 月 13 日

关于全面推开农业"三项补贴"改革工作的通知

财农〔2016〕26 号

各省、自治区、直辖市、计划单列市财政厅（局）、农业（农牧、农村经济）厅（局、委员会）：

2015年，经国务院同意，财政部、农业部印发了《关于调整完善农业三项补贴政策的指导意见》（财农〔2015〕31号），在全国范围内从农资综合补贴中调整20%的资金，加上种粮大户补贴试点资金和农业"三项补贴"增量资金，统筹用于支持粮食适度规模经营，重点用于支持建立完善农业信贷担保体系，同时选择部分省开展试点，将农作物良种补贴、种粮农民直接补贴和农资综合补贴合并为农业支持保护补贴，政策目标调整为支持耕地地力保护和粮食适度规模经营。从试点情况看，调整完善农业"三项补贴"政策方向正确，目标明确，操作简便，取得了预期效果。在总结试点经验的基础上，2016年在全国全面推开农业"三项补贴"改革，现将有关事项通知如下：

一、重要意义

近年来，党中央、国务院高度重视农业补贴政策的有效实施，明确要求在稳定加大补贴力度的同时，逐步完善补贴政策，改进补贴办法，提高补贴效能。推进农业"三项补贴"改革，是按照中央"稳增长、促改革、调结构、惠民生"总体部署做出的重大政策调整，是主动适应经济发展新常态、顺应农业发展新形势的重要举措，是供给侧结构性改革在农业生产领域的具体体现。全面推开农业"三项补贴"改革以绿色生态为导向，推进农业"三项补贴"由激励性补贴向功能性补贴转变、由覆盖性补贴向环节性补贴转变，提高补贴政策的指向性、精准性和实效性。各地要充分认识全面推开农业"三项补贴"改革的重要意义，把思想和行动统一到中央的决策部署上来，精心组织，周密部署，确保改革工作平稳顺利推进。

（一）有利于提高政策的指向性、精准性和实效性。将农业"三项补贴"中直接发放给农民的补贴与耕地地力保护挂钩，明确撂荒地、改变用途等耕地不纳入补贴范围，鼓励农民秸秆还田，不露天焚烧，主动保护耕地地力，加强农业生态资源保护意识，实现"藏粮于地"，使政策目标指向更加精准，政策效果与政策目标更加一致，促进了支农政策"黄箱"改"绿箱"，进一步拓展了支持农业发展和农民增收的政策空间。同时，统一资金审核和发放程序，减少了工作环节，减轻了基层负担，节约了时间和成本，提高了工作效率。

（二）有利于促进粮食适度规模经营。当前农业虽然保持增量增收的好势头，但数量与质量、总量与结构、投入与产出、成本与效益、生产与环境等方面矛盾日益上升，特别是家庭小规模经营仍占大多数，一定程度上限制了农业劳动生产率的提高，影响了农业现代化进程。通过政策引导，加快培育新型经营主体、培养新型职业农民，鼓励多种形式的粮食适度规模经营，有利于推动农业生产加快进入规模化、产业化、社会化发展新阶段，符合现代农业发展方向。

（三）有利于推动农村金融加快发展。长期以来，农民"融资难、融资贵"问题始终得不到很好解决，一定程度上影响了农业农村发展和农民增收致富。通过调整部分资金支持建立健全农业信贷担保体系，并强调其政策性、独立性和专注性，既是撬动金融和社会资本支持现代农业建设，有效缓解农业农村发展资金不足问题的重要手段，也是新常态下创新财政支农机制，放大财政支农政策效应的重要举措，同时兼顾了效率与公平，适应农业产业升级对金融支持的需要，也有利于推动农村金融发展。

二、主要内容

2016年起，在全国全面推开农业"三项补贴"改革，即将农业"三项补贴"合并为农业支持保护补贴，政策目标调整为支持耕地地力保护和粮食适度规模经营。中央财政已将2016年用于耕地地力保护的农业支持保护补贴资金全部提前下达，其中下达黑龙江省、广东省和新疆维吾尔自治区的资金，包含了需兑付给直属垦区农场和兵团团场职工的用于耕地地力保护的资金，由农业部直属垦区、新疆生产建设兵团和当地省级财政、农业部门研究落实；年度执行中下达的农业支持保护补贴资金全部用于支持粮食适度规模经营；中央财政通过上划部门预算下达农业部直属垦区、新疆生产建设兵团、中储粮总公司的农业支持保护补贴资金，全部用于支持粮食适度规模经营。

（一）加强耕地地力保护。用于耕地地力保护的补贴资金，其补贴对象原则上为拥有耕地承包权的种地农民；补贴依据可以是二轮承包耕地面积、计税耕地面积、确权耕地面积或粮食种植面积等，具体以哪一种类型面积或哪几种类型面积，由省级人民政府结合本地实际自定；补贴标准由地方根据补贴资金总量和确定的补贴依据综合测算确定。对已作为畜牧养殖场使用的耕地、林地、成片粮田转为设施农业用地、非农业征（占）用耕地等已改变用途的耕地，以及长年抛荒地、占补平衡中"补"的面积和质量达不到耕种条件的耕地等不再给予补贴。鼓励各地创新方式方法，以绿色生态为导向，提高农作物秸秆综合利用水平，引导农民综合采取秸秆还田、深松整地、减少化肥农药用量、施用有机肥等措施，切实加强农业生态资源保护，自觉提升耕地地力。

（二）促进粮食适度规模经营。用于粮食适度规模经营的补贴资金，原则上以2016年的规模为基数，每年从农业支持保护补贴资金中予以安排，以后年度根据农业支持保护补贴的预算安排情况同比例调整，支持对象重点向种粮大户、家庭农场、农民合作社和农业社会化服务组织等新型经营主体倾斜，体现"谁多种粮食，就优先支持谁"。各地要坚持因地制宜、简便易行、效率与公平兼顾的原则，进一步优化资源配置，提高农业生产率、土地产出率和资源利用率。鼓励各地创新新型经营主体支持方式，采取贷款贴息、重大技术推广与服务补助等方式支持新型经营主体发展多种形式的粮食适度规模经营，不鼓励对新型经营主体采取现金直补。对新型经营主体贷款贴息可按照不超过贷款利息的50%给予补助。对重大技术推广与服务补助，可以采取"先服务后补助"、提供物化补助等方式。要加快推进农业社会化服务体系建设，在粮食生产托管服务、病虫害统防统治、农业废弃物资源化利用、农业面源污染防治等方面，积极采取政府购买服务等方式支持符合条件的经营性服务组织开展公益性服务，积极探索将财政资金形成的资产折股量化到组织成员。

近几年，用于粮食适度规模经营的补贴资金，要按照财政部、农业部、银监会印发的《关于财政支持建立农业信贷担保体系的指导意见》（财农〔2015〕121号）要求，重点支持建立健全农业信贷担保体系，中央财政下达地方用于支持粮食适度规模经营的农业支持保护补贴资金统筹用于资本金注入、担保费用补助、风险补偿等方面，通过强化银担合作机制，着力解决新型经营主体在粮食适度规模经营中的"融资难、融资贵"问题，力争用3年时间建成政策性、独立性、专注于农业、覆盖全国的农业信贷担保体系。各地要充分发挥财政注入资本金的作用，尽快启动农业信贷担保业务运营，并根据业务开展情况，合理确定财政注入资本金的规模和节奏。

三、保障措施

农业"三项补贴"改革事关广大农民群众切身利益和农业农村发展大局，事关国家粮食安全和农业可持续发展，地方各级人民政府及财政、农业部门要切实加强组织领导，细化政策措施，注重宣传引导，加大工作力度，确保完成各项改革任务。

（一）加强组织领导。农业"三项补贴"改革工作由省级人民政府负总责，地方各级财政部门、农业部门具体组织实施。要建立健全工作机制，明确责任分工，密切部门合作，抓好工作落实。要结合本地区实际，抓紧制定实施方案，务必于6月30日前将需兑现到农民手中的补贴资金发放到位，让农民群众吃上"定心丸"。要做好政策宣传和舆论引导工作，主动与社会各方面特别是基层干部和农民群众进行沟通交流，赢得理解和支持。地方各级财政部门要安排相应工作经费，保障各项工作有序推进。各省份实施方案在报送省级人民政府审定前要与财政部、农业部充分沟通，正式印发后要及时报送财政部、农业部备案。

（二）加强资金管理。中央财政农业支持保护补贴资金按照耕地面积、粮食产量、适度规模经营发展等因素测算切块到省级财政，由各省份结合本地实际确定补贴对象、补贴方式和补贴标准。省级财政、农业部门要切实做好资金拨付和监管工作，督促县级财政、农业部门做好基础数据采集审核、补贴资金发放等工作。农业"三项补贴"改革后，中央财政不再安排农作物良种补贴资金，各地农作物良种推广工作可以根据需要从上级和本级财政安排的农业技术推广与服务补助资金中统筹解决。对于骗取、套取、贪污、挤占、挪用农业支持保护补贴资金的，或违规发放补贴资金的行为，要依法依规严肃处理。

（三）加强督导考核。各省级财政、农业部门要密切跟踪农业"三项补贴"改革工作情况，加强信息沟通，重大问题及时报告财政部、农业部。财政部、农业部将强化监管督导检查，研究制定资金管理办法和绩效管理制度，适时对各地农业支持保护补贴政策落实情况开展绩效考核，考核结果将作为以后年度农业支持保护补贴资金分配的重要因素。

财政部　农业部
2016 年 4 月 18 日

关于印发《农业支持保护补贴资金管理办法》的通知

财农〔2016〕74号

各省、自治区、直辖市、计划单列市财政厅（局）、农业（农牧、农村经济）厅（局、委、办），新疆生产建设兵团财务局、农业局，中央直属垦区：

为了加强中央财政农业支持保护补贴资金管理，提高资金使用效益，根据《中华人民共和国预算法》等有关规定，财政部会同农业部制定了《农业支持保护补贴资金管理办法》。现予印发，请遵照执行。

附件：农业支持保护补贴资金管理办法

财政部　农业部
2016年6月23日

附件：

农业支持保护补贴资金管理办法

第一条 为了加强农业支持保护补贴资金管理，提高资金使用效益，根据《中华人民共和国预算法》《财政违法行为处罚处分条例》等有关法律法规及国家有关专项转移支付管理的规定，制定本办法。

第二条 农业支持保护补贴资金是中央财政公共预算安排的专项转移支付资金，用于支持耕地地力保护和粮食适度规模经营，以及国家政策确定的其他方向。

第三条 农业支持保护补贴资金由财政部会同农业部分配。财政部结合中央财政农业支持保护补贴资金年度预算安排、农业部提出的分配建议等情况审核下达资金。其中，用于耕地地力保护的资金，根据2015年各省份耕地地力保护资金规模测算；用于粮食适度规模经营的资金，主要根据2015年各省份适度规模经营资金占全国比重，并综合考虑各省份年度农业信贷担保体系建设、绩效考评等情况进行测算。

农业部根据政策确定的实施范围，提出资金分配建议，并会同财政部根据资金管理需要，制定实施指导性意见，细化管理要求。

第四条 省级农业部门会同财政部门，要在本级政府领导下，根据本办法，结合本地实际情况，制定本地区实施方案或指导意见，并报农业部、财政部备案，抄送当地专员办。同时，要加强对县级农业支持保护补贴实施方案审核、补贴工作监督检查、政策实施情况总结等工作。

县级农业部门、财政部门要按照本省统一要求，共同做好组织实施工作。县级农业部门要认真组织做好本辖区内农业支持保护补贴相关数据审核汇总工作，包括农户基本信息、补贴面积、补贴标准、补贴金额等，并应对补贴给农民的资金进行7天公示。公示无异议后，县级财政部门会同农业部门应按照便民高效、资金安全的原则，及时通过"一卡（折）通"等方式将补贴资金直接发放给农民。

第五条 农业支持保护补贴用于耕地地力保护的资金，补贴对象原则上为拥有耕地承包权的种地农民。

用于粮食适度规模经营的资金，补贴对象为粮食适度规模生产经营者，重点向种粮大户、家庭农场、农民合作社和农业社会化服务组织等新型经营主体和新型服务主体倾斜。对农业信贷担保体系建设的支持资金统筹用于资本注入、担保费用补助、风险补偿等方面。

第六条 农业支持保护补贴以绿色生态为导向。对已作为畜牧养殖场使用的耕地、林地、成片粮田转为设施农业用地、非农业征（占）用耕地等已改变用途的耕地，以及长年抛荒地、占补平衡中"补"的面积和质量达不到耕种条件的耕地等不予补贴。不予补贴的耕地认定标准和程序由各省级财政部门联合农业部门确定。

鼓励采取多种措施，创新方式方法，提高农作物秸秆综合利用水平，引导农民综合采取秸秆还田、深松整地、减少化肥农药用量、施用有机肥等措施，切实加强耕地质量保护，自觉提升耕地地力。

第七条 农业支持保护补贴资金具体补贴标准、补贴依据和补贴方式等由各省结合本地实际确定，确保政策的连续性和稳定性。

用于耕地地力保护的资金，可与二轮承包耕地面积、计税耕地面积、土地承包经营权确权登记面积或粮食种植面积等挂钩。

用于粮食适度规模经营的资金，可采取贷款贴息、重大技术推广与服务补助等方式支持多种形式的粮食适度规模经营。近几年重点用于支持建立完善农业信贷担保体系。

鼓励按照因地制宜、简便易行、效率与公平兼顾的原则，创新适度规模经营的支持方式。对农业信贷担保机构的资本注入规模和节奏要根据担保业务运营情况合理确定；对新型经营主体贷款贴息不超过贷款利息的50%；对重大技术推广与服务补助，应采取"先服务后补助"、提供物化补助、政府购买服务等方式；不鼓励对新型经营主体实行现金直补。单户补贴要设置合理的补贴规模上限。

第八条 在全国人民代表大会批准预算后90日内，中央财政将农业支持保护补贴预算正式指标下达到省级财政。安排给中央部门的资金，列入其年度部门预算。各省份接到中央财政农业支持保护补贴预算正式指标后，应当在30日内正式下达到本行政区域县级以上各级政府。

第九条 农业支持保护补贴资金的支付，按照国库集中支付制度有关规定执行。属于政府采购管理范围的，按照政府采购有关法律制度规定执行。

上年结转资金可在下年继续使用；连续两年未用完的结转资金，作为结余资金管理。

第十条 加强农业支持保护补贴资金绩效管理。农业支持保护补贴资金应按规定设定绩效目标，开展绩效运行监控。财政部会同农业部按照预算绩效管理规定和资金管理需要，对各省资金使用情况开展绩效评价。省级财政部门会同农业部门按照预算绩效管理规定和资金管理需要，对市县级政策实施情况开展绩效评价。绩效评价结果以适当方式予以通报，并作为资金分配的因素之一。

第十一条 地方各级农业、财政部门要在地方政府统一领导下，共同组织实施农业支持保护补贴政策，并会同有关部门加强监督检查，对政策实施情况进行总结。

省级财政部门会同农业部门根据中央财政下达的资金规模，确定资金具体细化方案，将资金分配结果报财政部备案并抄送当地专员办。专员办按照工作职责和财政部要求，开展农业支持保护补贴资金监管工作。

第十二条 地方各级财政部门应加强组织管理，保障政策的有效实施，支持做好补贴面积核实、补贴公示制度建立、"一卡（折）通"发放资金、推进农民补贴网建设、加强补贴监管等工作。

第十三条 对任何单位和个人滞留截留、虚报冒领、挤占挪用农业支持保护补贴资金，以及其他违反本办法规定的行为，按照《中华人民共和国预算法》《财政违法行为处罚处分条例》等有关规定追究法律责任。

第十四条 本办法所称省级、各省是指省、自治区、直辖市、计划单列市和新疆生产建设兵团。专员办是指财政部驻各省、自治区、直辖市、计划单列市财政监察专员办事处。

第十五条 本办法由财政部会同农业部解释。

第十六条 本办法自印发之日起施行。《财政部 农业部关于印发〈中央财政农作物良种补贴资金管理办法〉的通知》（财农〔2009〕440号）、《财政部 农业部关于印发〈中央财政天然橡胶良种补贴项目资金管理办法（试行）〉的通知》（财农〔2009〕70号）、《财政部 发展改革委 农业部关于进一步完善农资综合补贴动态调整机制的实施意见》（财建〔2009〕492号）、《中央财政新增农资综合补贴资金集中用于粮食基础能力建设暂行管理办法》（财建〔2009〕786号）、《财政部 发展改革委 农业部 国家粮食局 中国农业发展银行印发〈关于进一步完善对种粮农民直接补贴政策的意见〉的通知》（财建〔2005〕59号）、《财政部关于印发〈2013年对种粮农民直接补贴工作经费管理办法〉的通知》（财建〔2013〕677号）同时废止。

参考文献

[1] AHITUV A, KIMHI A. Off-farm work and capital accumulation decisions of farmers over the life-cycle: the role of heterogeneity and state dependence [J]. journal of development economics, 2002, 68 (2): 329-353.

[2] ALLEN R C. Agricultural productivity and rural incomes in England and the Yangtze Delta, c. 1620 – c. 1820 [J]. Economic history review, 2009, 62 (3): 525-550.

[3] BARRETT C. Food security and food assistance programs [J]. Handbook of agricultural economics, 2001, 2 (2): 2103-2190.

[4] BASCETIN A. A decision support system using analytical hierarchy process (AHP) for the optimal environmental reclamation of an open-pit mine [J]. Environmental geology, 2007, 52 (4): 663-672.

[5] BECKER A D, JUDGE R P. Evidence of distortionary effects of decoupled payments in U. S. indica rice production [J]. Atlantic economic journal, 2014, 42 (3): 265-275.

[6] CHEN S, KUNG J. Of maize and men: the effect of a new world crop on population and economic growth in China [J]. Journal of economic growth, 2016, 21 (1): 71-99.

[7] CHEN S. Peasant rebellions as a "positive check" on population growth: evidence from Qing China [D]. Hong Kong: Hong Kong University of Science and Technology, 2011.

[8] CHEN Q. Climate shocks, dynastic cycles, and nomadic conquests: evidence from historical China [J]. SDU working papers, 2012, 67 (2): 185-204.

[9] CHU C Y C, LEE R D. Famine, revolts and the dynastic cycle: population dynamics in historic China [J]. Journal of population economics, 1994, 7 (4): 351-378.

[10] CHUNG K, HADDAD L, RAMAKRISHNA J, et al. Identifying the food insecure: the application of mixed-method approaches in India [M]. Washington, DC: International Food Policy Research Institute, 1997.

[11] CHIODI V, JAIMOVICH E, MONTES-ROJAS G. Migration, remittances and capital accumulation: evidence from rural Mexico [J]. Journal of development studies, 2012, 48 (8): 1139-1155.

[12] DE BRAUW A, LI Q, LIU C, et al. Feminization of agriculture in China? Myths surrounding women's participation in farming [J]. The China quarterly, 2008, 194: 327-348.

[13] DESHINGKAR P, JOHNSON C, FARRINGTON J. State transfers to the poor and back: the case of the food-for-work program in India [J]. World development, 2005, 33 (4): 575-591.

[14] DENG Y, SU X Y, JIANG W. A fuzzy dempster shafer method and its application in plant location selection [J]. Advanced materials research, 2010 (102/104): 831-835.

[15] DENG Y, XU J L. Fuzzy evidential warning of grain security [C] //2010 IEEE international conference on advanced management science (ICAMS). Chengdu: Institute of Electrical and Electronics Engineers, 2010: 703-706.

[16] FENG Z, YANG Y, ZHANG Y, et al. Grain-for-green policy and its impacts on grain supply in west China [J]. Land use policy, 2005, 22 (4): 301-312.

[17] FOOD AND AGRICULTURE ORGANIZATION OF THE UNITED NATIONS (FAO). The state of food insecurity in the world 2008 [EB/OL]. [2009-07-30]. http://www.fao.org/d ocrep/011 /i0291e/i0291e00.htm.

[18] FOOD AND AGRICULTURE ORGANIZATION OF THE UNITED NATIONS (FAO). 世界粮食不安全状况 2010: 应对持续危机中的粮食不安全问题 (中文版) [EB/OL]. [2019-07-30]. http://www.fao.org/docrep/013/i1683c/i1683c00.htm.

[19] GUO H, SHI W, DENG Y. Evaluating sensor reliability in classification problems based on evidence theory [J]. IEEE transactions on system man cyberbetics, 2006, 36 (5): 970-981.

[20] GOH ANTHONY T C, GOH S H. Support vector machines: their use in geotechnical engineering as illustrated using seismic liquefaction data [J]. Computers and geotechnics, 2007, 34 (5): 410 –421.

[21] GOODBURN C. Learning from migrant education: a case study of the schooling of rural migrant children in Beijing [J]. International journal of educational development, 2009, 29 (5): 495 –504.

[22] GENNAIOLI N, VOTH H J. State capacity and military conflict [J]. Social science electronic publishing, 2015.

[23] HADDAD L, KENNEDY E, SULLIVAN J. Choices of indicators for food security and nutrition monitoring [J]. Food policy, 1994, 19 (3): 329 –343.

[24] HODGES R J, BUZBY J C, BENNETT B. Postharvest losses and waste in developed and less developed countries: opportunities to improve resource use [J]. The journal of agricultural science, 2011, 149 (S1): 37 –45.

[25] JIA R X. Weather shocks, sweet potatoes and peasant revolts in historical China [J]. The economic journal, 2014, 124 (575): 92 –118.

[26] JIANG X F, YI Z, Lü J C. Fuzzy SVM with a new fuzzy membership function [J]. Neural computing and application, 2006, 15 (3/4): 268 –276.

[27] KUNG, MA. Can cultural norms reduce conflicts? Confucianism and peasant rebellions in Qing China [J]. Journal of development economics, 2014 (111): 132 –149.

[28] LIN C F, WANG S D. Fuzzy support vector machines [J]. IEEE transactions on neural networks, 2002, 13 (2): 464 –471.

[29] LIN C F, WANG S D. Training algorithms for fuzzy support vector machines with noisy data [J]. Pattern recognition letters, 2004, 25: 1647 –1656.

[30] LEE HF, FOK L, ZHANG D D. Climatic change and Chinese population growth dynamics over the last millennium [J]. Climatic change, 2008, 88 (2): 131 –156.

[31] LESKI J M. An epsiv margin nonlinear classifier based on fuzzy if-then rules [J]. IEEE transactions on systems, man, and cybernetics, Part B: cybernetics, 2004, 34 (1): 68 –76.

[32] MAXWELL S, FRANKENBERGER T. Household food security: concepts,

indicators, measurements, a technical review [M]. New York/Rome: UNICEF/FAO, 1992.

[33] MOKYR, JOEL. Irish history with the potato [J]. Irish economic and social history, 1981, 8 (1): 8 - 29.

[34] MANCINELLI S, MAZZANTI M, PIVA N, et al. Education, reputation or network? Evidence on migrant workers employability [J]. The journal of socio-economics, 2010, 39 (1): 64 - 71.

[35] NUNN N, QIAN N. The Columbian exchange: a history of disease, food, and ideas [J]. Journal of economic perspectives, 2010, 24 (2): 163 - 188.

[36] ROSE D, OLIVEIRA V. Validation of a self-reported measure of household food insufficiency with nutrient intake data [R]. Washington, DC: Technical Bulletin, USDA, Economic Research Service, 1997.

[37] ROZELLE S, TAYLOR J E, DEBRAUW A. Migration, remittances, and agricultural productivity in China [J]. American economic review, 1999, 89 (2): 287 - 291.

[38] SMITH L. Can FAO's measure of chronic undernourishment be strengthened [J]. Food policy, 1998, 23 (5): 425 - 445.

[39] SMITH L, OBEID A, JENSEN H. The geography and causes of food insecurity in developing countries [J]. Agricultural economics, 2000, 22 (2): 199 - 215.

[40] TURCHIN P. Complex population dynamics: a theoretical/empirical synthesis [M]. Princeton, NJ: Princeton University Press, 2003.

[41] VAPNIK V. Statistical learning theory [M]. New York: Wiley, 1998.

[42] VOIGTLÄNDER N, VOTH H J. The three horsemen of riches: plague, war, and urbanization in early modern Europe [J]. The review of economic studies, 2013, 80 (2): 774 - 811.

[43] WANG Y Q, WANG S Y, LAIK K. A new fuzzy support vector machine to evaluate credit risk [J]. IEEE transactions on fuzzy systems, 2005, 13 (6): 820 - 831.

[44] WANG H X, ZHANG M H, CAI Y. Problems, challenges, and strategic options of grain security in China [J]. Advances in agronomy, 2009, 103 (3): 101 - 147.

[45] XU Z G, XU J T, DENG X Z, et al. Uchida emi, rozelle scott. grain for green versus grain：conflict between food security and conservation set-aside in China [J]. World development, 2006, 34 (1)：130-148.

[46] YAHIA E M, BARRY-RYAN C, DRIS R. Treatments and techniques to minimise the postharvest losses of perishable food crops [C] // DRIS D, JAIN S M. Production practices and quality assessment of food crops [M]. Dordreeht：Kluwer Academic Publishers, 2004.

[47] ZHAO Y. Causes and consequences of return migration：recent evidence from China [J]. Journal of comparative economies, 2002, 30 (2)：376-394.

[48] ZHAO Y. The role of migrant networks in labor migration：the case of China [J]. Contemporary economic policy, 2003, 21 (4)：500-511.

[49] 安晓宁. 粮食安全预警的理论、方法及其系统设计（上）[J]. 世界农业, 1998 (7)：7-8.

[50] 安晓宁. 粮食安全预警的理论、方法及其系统设计（下）[J]. 世界农业, 1998 (8)：6-8.

[51] 曹树基. 玉米和番薯传入中国路线新探 [J]. 中国社会经济史研究, 1988 (4)：62-66, 74.

[52] 曹树基. 中国人口史 第五卷（清时期）[M]. 上海：复旦大学出版社, 2001.

[53] 曹宝明. 粮食产后损失的测定与评价方法 [J]. 南京经济学院学报, 1997 (1)：31-35.

[54] 曹宝明, 姜德波. 江苏省粮食产后损失的状况、原因及对策措施 [J]. 南京经济学院学报, 1999 (1)：21-27.

[55] 曹玲. 美洲粮食作物的传入、传播及其影响研究 [D]. 南京：南京农业大学, 2003.

[56] 曹玲. 美洲粮食作物的传入对农业生产以及中国社会经济的影响 [J]. 古今农业, 2005 (3)：79-88.

[57] 曹光乔, 周力. 农业机械购置补贴对农户购机行为的影响：基于江苏省水稻种植业的实证分析 [J]. 中国农村经济, 2010 (6)：38-48.

[58] 蔡昉. 破解农村剩余劳动力之谜 [J]. 中国人口科学, 2007 (2)：2-7.

[59] 蔡昉. 人口转变、人口红利与刘易斯转折点 [J]. 经济研究, 2010

(4): 4-13.

[60] 蔡昉. 避免"中等收入陷阱"[J]. 政协天地, 2013 (8): 51-52.

[61] 陈树平. 玉米和番薯在中国传播情况研究 [J]. 中国社会科学, 1980 (3): 187-204.

[62] 陈高傭, 等. 中国历代天灾人祸表 [M]. 北京: 北京图书馆出版社, 2007.

[63] 陈辉. 鸦片战争前清朝人口发展的特点及原因探讨 [J]. 文教资料, 2008 (15): 92-93.

[64] 陈婷, 戴尔阜, 傅桦. 运用 AHP 法构建粮食安全预警体系及对珠江三角洲地区粮食安全的评析 [J]. 中国农学通报, 2009, 25 (8): 68-74.

[65] 陈静彬. 基于熵值法和灰色关联分析的粮食安全预警研究: 以湖南省为例 [J]. 求索, 2009 (8): 18-20.

[66] 陈锡文. 工业化、城镇化要为解决"三农"问题做出更大贡献 [J]. 经济研究, 2011, 46 (10): 8-10.

[67] 陈志武. 量化历史研究: 第一辑 [M]. 杭州: 浙江大学出版社, 2014.

[68] 陈永伟, 黄英伟, 周羿. "哥伦布大交换"终结了"气候—治乱循环"吗？对玉米在中国的引种和农民起义发生率的一项历史考察 [J]. 经济学 (季刊), 2014, 13 (3): 1215-1238.

[69] 陈强. 气候冲击、政府能力与中国北方农民起义 [J]. 经济学 (季刊), 2015 (4): 1348-1374.

[70] 程维明, 周成虎, 柴慧霞, 等. 中国陆地地貌基本形态类型定量提取与分析 [J]. 地球信息科学学报, 2009, 11 (6): 725-736.

[71] 程杰. 河南省粮食安全监测及预警系统的构建 [J]. 洛阳理工学院学报 (社会科学版), 2010, 25 (2): 49-54.

[72] 程名望, 黄甜甜, 刘雅娟. 农村劳动力外流对粮食生产的影响: 来自中国的证据 [J]. 中国农村观察, 2015 (6): 15-21, 46, 94.

[73] 成德宁, 杨敏. 农业劳动力结构转变对粮食生产效率的影响 [J]. 西北农林科技大学学报 (社会科学版), 2015, 15 (4): 19-26.

[74] 方行. 正确评价清代的农业经济 [J]. 中国经济史研究, 1997 (3): 141-150.

[75] 高鸣，宋洪远，MICHAEL CARTER．补贴减少了粮食生产效率损失吗：基于动态资产贫困理论的分析［J］．管理世界，2017（9）：85－100．

[76] 高鸣．粮食直接补贴政策对小麦生产率的影响［D］．北京：中国农业大学，2017．

[77] 葛全胜，戴君虎，何凡能，等．过去300年中国部分省区耕地资源数量变化及驱动因素分析［J］．自然科学进展，2003（8）：825－832．

[78] 葛剑雄，安介生．20世纪中国移民史的阶段性特征［J］．探索与争鸣，2010（2）：71－75．

[79] 葛光曜，沈伯迪，黄鹏彬，等．浅析清初我国人口剧增的可能原因［J］．中国人口·资源与环境，2014，24（163）：231－234．

[80] 葛干忠，范东君．农村劳动力流出与粮食规模化生产："一致"抑或"冲突"：基于湖南乡村调查分析［J］．西北人口，2014，35（1）：62－68．

[81] 顾海兵．我国粮食及农业生产的警度测定分析［J］．农业经济问题，1991（8）：56－60．

[82] 顾海兵，刘明．我国粮食生产预警系统的探讨［J］．经济理论与经济管理，1994（1）：37－42．

[83] 顾焕章，王曾金．建立粮食供求预警系统稳定我国的粮食生产和市场［J］．农业经济问题，1995（2）：23－26．

[84] 郭松义．政策与效应：清中叶的农业生产形势和国家的政策投入［J］．中国史研究，2009（4）：139－155．

[85] 郭庆旺，贾俊雪．公共教育政策、经济增长与人力资本溢价［J］．经济研究，2009，44（10）：22－35．

[86] 郭健，李谷成，李欠男．劳动力成本上升对中国主要农作物种植结构的影响：基于1998—2014年的省级面板数据［J］．湖南农业大学学报（社会科学版），2017，18（4）：44－50．

[87] 何炳棣．美洲作物的引进、传播及其对中国粮食生产的影响［J］．世界农业，1979（4）：36－43．

[88] 胡靖．入世与中国渐进式粮食安全［M］．北京：中国社会科学出版社，2003．

[89] 胡雪枝，钟甫宁．农村人口老龄化对粮食生产的影响：基于农村固定

观察点数据的分析 [J]. 中国农村经济, 2012 (7): 29-39.

[90] 胡雪枝, 钟甫宁. 人口老龄化对种植业生产的影响: 基于小麦和棉花作物分析 [J]. 农业经济问题, 2013 (2): 36-43.

[91] 胡金焱, 张博, 范辰辰. 气候冲击、民间金融与农民起义 [J]. 金融研究, 2016 (8): 68-84.

[92] 黄祖辉, 王小琴. 粮食产后处理技术经济效益分析与评价 [J]. 农业技术经济, 1990 (3): 5-10.

[93] 黄季焜, 王晓兵, 智华勇, 等. 粮食直补和农资综合补贴对农业生产的影响 [J]. 农业技术经济, 2011 (1): 4-12.

[94] 靳庭良. 粮食主产区农户种粮意愿及其影响因素分析 [J]. 统计与决策, 2013 (17): 91-95.

[95] 贾利军, 杨静. 农村劳动力弱化背景下中国粮食安全保障研究 [J]. 中州学刊, 2015 (2): 37-44.

[96] 贾娟琪, 李先德, 王士海. 粮食支持政策调整对不同规模粮农种植决策的影响: 基于山东、河北和河南三省的农户调研数据 [J]. 经济体制改革, 2017 (1): 89-95.

[97] 姜涛. 清代人口统计制度与1741—1851年间的中国人口 [J]. 近代史研究, 1990 (5): 30-54.

[98] 姜明伦, 何安华, 楼栋, 等. 中国农业农村发展的阶段性特征、发展趋势及对策研究 [J]. 经济学家, 2012 (9): 81-90.

[99] 柯炳生. 我国国家粮食安全问题的战略思考及其政策建议 [J]. 改革, 2006 (2): 19-25.

[100] 柯炳生. 我国粮食自给率与粮食贸易 [J]. 中国农垦, 2006 (12): 33-35.

[101] 蓝勇. 明清美洲农作物引进对亚热带山地结构性贫困形成的影响 [J]. 中国农史, 2001 (4): 3-14.

[102] 雷玉桃, 谢建春. 论退耕还林背景下的粮食安全保障机制 [J]. 粮食问题研究, 2003 (6): 29-31.

[103] 雷玉桃, 谢建春, 王雅鹏. 退耕还林与粮食安全协调机制浅析 [J]. 农业现代化研究, 2013 (3): 222-224.

[104] 雷勋平, 吴杨, 叶松, 等. 基于熵权可拓决策模型的区域粮食安全预警 [J]. 农业工程学报, 2012 (6): 233-239.

[105] 李向军. 清代荒政研究 [M]. 北京：中国农业出版社, 1995.

[106] 李志强, 赵忠萍, 吴玉华. 中国粮食安全预警分析 [J]. 中国农村经济, 1998 (1): 27-32.

[107] 李伯重. 气候变化与中国历史上人口的几次大起大落 [J]. 人口研究, 1999 (1): 15-19.

[108] 李林杰, 黄贺林. 关于粮食安全即期预警系统的设计 [J]. 农业现代化研究, 2005 (1): 17-21.

[109] 李强, 毛学峰, 张涛. 农民工汇款的决策、数量与用途分析 [J]. 中国农村观察, 2008 (3): 2-12.

[110] 李旻, 赵连阁. 农业劳动力"女性化"现象及其对农业生产的影响：基于辽宁省的实证分析 [J]. 中国农村经济, 2009 (5): 61-69.

[111] 李旻, 赵连阁. 农业劳动力"老龄化"现象及其对农业生产的影响：基于辽宁省的实证分析 [J]. 农业经济问题, 2009, 30 (10): 12-18, 110.

[112] 李梦觉, 洪小峰. 粮食安全预警系统和指标体系的构建 [J]. 经济纵横, 2009 (8): 83-85.

[113] 李文明, 唐成, 谢颜. 基于指标评价体系视角的我国粮食安全状况研究 [J]. 农业经济问题, 2010 (9): 26-31, 110-111.

[114] 李园. 明清时期甘薯的引种及其在山东的推广 [J]. 山东农业大学学报 (社会科学版), 2011 (2): 82-87.

[115] 李谷成, 李芳, 冯中朝. 良种补贴政策实施效果的分析与评价：对13省1486种植户的研究 [J]. 中国农业大学学报, 2014, 19 (4): 206-217.

[116] 李俊鹏, 冯中朝, 吴清华. 农业劳动力老龄化与中国粮食生产：基于劳动增强型生产函数分析 [J]. 农业技术经济, 2018 (8): 26-34.

[117] 厉为民. 21世纪初我国粮食安全的国际环境及进口战略 [J]. 农业发展与金融, 1998 (3): 40-42.

[118] 刘明, 顾海兵. 我国粮食生产警情的确定 [J]. 中国农村经济, 1993 (3): 44-46.

[119] 刘晓梅. 关于我国粮食安全评价指标体系的探讨 [J]. 财贸经济, 2004 (9): 56-61, 96.

[120] 刘乃全, 刘学华. 劳动力流动、农业种植结构调整与粮食安全: 基于"良田种树风"的一个分析 [J]. 南方经济, 2009 (6): 15-24.

[121] 刘亮, 章元, 高汉. 劳动力转移与粮食安全 [J]. 统计研究, 2014, 31 (9): 58-64.

[122] 刘景景. 劳动力结构老化对粮食生产的影响 [J]. 华南农业大学学报 (社会科学版), 2017, 16 (3): 36-48.

[123] 梁方仲. 中国历代户口、田地、田赋统计 [M]. 上海: 上海人民出版社, 1980.

[124] 骆毅. 清朝人口数字的再估算 [J]. 经济科学, 1998 (6): 121-128.

[125] 吕新业. 中国粮食安全现状及未来发展战略 [J]. 农业经济问题, 2003 (11): 43-47, 80.

[126] 吕新业, 王济民. 我国粮食安全预警机制研究 [J]. 经济研究参考, 2004 (54): 9-13.

[127] 吕新业, 王济民, 吕向东. 我国粮食安全状况及预警系统研究 [J]. 农业经济问题, 2005 (1): 34-40.

[128] 吕建华, 王殿轩, 赵英杰, 等. 中国农村储粮损失的原因与对策 [J]. 粮食科技与经济, 2008, 33 (1): 43-43.

[129] 马九杰, 张象枢, 顾海兵. 粮食安全衡量及预警指标体系研究 [J]. 管理世界, 2001 (1): 154-162.

[130] 门可佩, 魏百军, 唐沙沙, 等. 基于 AHP-GRA 集成的中国粮食安全预警研究 [J]. 统计与决策, 2009 (20): 96-98.

[131] 闵宗殿. 关于清代农业自然灾害的一些统计: 以《清实录》记载为根据 [J]. 古今农业, 2001 (1): 9-16.

[132] 彭凯翔. 清代以来的粮价: 历史学的解释与再解释 [M]. 上海: 上海人民出版社, 2006.

[133] 彭澧丽, 龙方, 卜蓓. 基于时间效应视角的补贴政策对粮食生产的影响 [J]. 统计与决策, 2014 (8): 88-91.

[134] 彭代彦, 吴翔. 中国农业技术效率与全要素生产率研究: 基于农村劳动力结构变化的视角 [J]. 经济学家, 2013 (9): 68-76.

[135] 彭代彦, 文乐. 农村劳动力老龄化、女性化降低了粮食生产效率吗: 基于随机前沿的南北方比较分析 [J]. 农业技术经济, 2016 (2):

32-44.

[136] 钱文荣,郑黎义. 劳动力外出务工对农户水稻生产的影响[J]. 中国人口科学,2010(5):58-65,111-112.

[137] 钱加荣,赵芝俊. 现行模式下我国农业补贴政策的作用机制及其对粮食生产的影响[J]. 农业技术经济,2015(10):41-47.

[138] 秦立建,张妮妮,蒋中一. 土地细碎化、劳动力转移与中国农户粮食生产:基于安徽省的调查[J]. 农业技术经济,2011(11):16-23.

[139] 苏晓燕,张蕙杰,李志强,等. 基于多因素信息融合的中国粮食安全预警系统[J]. 农业工程学报,2011(5):183-189.

[140] 沈起炜. 中国历史大事年表[M]. 上海:上海辞书出版社,2001.

[141] 史志宏. 清代前期的耕地面积及粮食产量估计[J]. 中国经济史研究,1989(2):47-62.

[142] 史志宏. 十九世纪上半期的中国粮食亩产量及总产量再估计[J]. 中国经济史研究,2012(3):52-66.

[143] 史志宏. 清代农业生产指标的估计[J]. 中国经济史研究,2015(5):7-32,145.

[144] 田红宇,祝志勇. 农村劳动力转移、经营规模与粮食生产环境技术效率[J]. 华南农业大学学报(社会科学版),2018,17(5):69-81.

[145] 王业键,黄莹珏. 清代中国气候变迁、自然灾害与粮价的初步考察[J]. 中国经济史研究,1999(1):3-18.

[146] 王瑞平. "摊丁入亩"是清代人口激增的主要原因吗[J]. 河南师范大学学报(哲学社会科学版),2001(3):67-70.

[147] 王定祥,李伶俐,李茂. 中国粮食安全的预警系统及长效机制研究[J]. 重庆社会科学,2005(4):32-36.

[148] 王禾军,邓飞其. 基于模糊最小二乘支持向量机的区域粮食安全性预警分析[J]. 农业工程学报,2011(5):190-194.

[149] 王跃梅,姚先国,周明海. 农村劳动力外流、区域差异与粮食生产[J]. 管理世界,2013(11):67-76.

[150] 王欧,杨进. 农业补贴对中国农户粮食生产的影响[J]. 中国农村经济,2014(5):20-28.

[151] 王善高,田旭. 农村劳动力老龄化对农业生产的影响研究:基于耕

地地形的实证分析 [J]. 农业技术经济, 2018 (4): 15-26.

[152] 温铁军, 董筱丹, 石嫣. 中国农业发展方向的转变和政策导向: 基于国际比较研究的视角 [J]. 农业经济问题, 2010 (10): 88-94.

[153] 闻海燕. 粮食购销市场化与主销区粮食安全体系的构建 [J]. 粮食问题研究, 2003 (2): 16-18.

[154] 闻海燕. 论市场化进程中浙江区域粮食安全体系的构建 [J]. 浙江学刊, 2003 (5): 192-196.

[155] 文华成. 中国农业劳动力女性化: 程度、成因与影响: 基于历史宏观截面数据的验证 [J]. 人口学刊, 2014, 36 (4): 64-73.

[156] 魏君英, 夏旺. 农村人口老龄化对中国粮食产量变化的影响: 基于粮食主产区面板数据的实证分析 [J]. 农业技术经济, 2018 (12): 41-52.

[157] 巫幼华, 徐润琪. 稻米的收获及产后处理损失因素分析 [J]. 粮食流通技术, 2004 (2): 13-16.

[158] 吴声怡. 应用神经网络评价粮食安全 [J]. 福建论坛 (经济社会版), 2002 (3): 39-41.

[159] 吴惠芳, 饶静. 农业女性化对农业发展的影响 [J]. 农业技术经济, 2009 (2): 55-61.

[160] 吴丽丽, 李谷成, 周晓时. 中国粮食生产要素之间的替代关系研究: 基于劳动力成本上升的背景 [J]. 中南财经政法大学学报, 2016 (2): 140-148, 160.

[161] 夏明方. 救荒活民: 清末民初以前中国荒政书考论 [J]. 清史研究, 2010 (2): 21-47.

[162] 咸金山. 从方志记载看玉米在我国的引进和传播 [J]. 古今农业, 1988 (1): 104-116, 123.

[163] 肖顺武. 粮食安全预警机制研究 [J]. 安徽农业科学, 2009, 37 (33): 16554-16556.

[164] 肖冉, 李智国. 云南省快速城镇化进程中耕地资源与粮食安全预警研究 [J]. 安徽农业科学, 2015 (2): 310-312, 316.

[165] 徐奉贤. 中国农业挟持与保护 [M]. 北京: 首都经济贸易大学出版社, 1999.

[166] 徐进华. 欠发达地区劳动力流动的经济学分析 [J]. 新西部: 理论

版，2010（10）：48-49.

[167] 徐娜，张莉琴. 劳动力老龄化对中国农业生产效率的影响 [J]. 中国农业大学学报（社会科学版），2014，19（4）：227-233.

[168] 徐志刚，谭鑫，郑旭媛，等. 农地流转市场发育对粮食生产的影响与约束条件 [J]. 中国农村经济，2017（9）：26-43.

[169] 薛庆根，王全忠，朱晓莉，等. 劳动力外出、收入增长与种植业结构调整：基于江苏省农户调查数据的分析 [J]. 南京农业大学学报（社会科学版），2014，14（6）：34-41.

[170] 闫述乾，王海强. 产销基本平衡区粮食安全预警模型的构建：以甘肃省为例 [J]. 华中农业大学学报（社会科学版），2010（2）：50-54.

[171] 杨磊. 我国粮食安全风险分析及粮食安全评价指标体系研究 [J]. 农业现代化研究，2014（6）：696-702.

[172] 杨进，钟甫宁，陈志钢，等. 农村劳动力价格、人口结构变化对粮食种植结构的影响 [J]. 管理世界，2016（1）：78-87.

[173] 殷海善，石莎，秦作霞. 劳动力成本上升对农业生产的影响 [J]. 山西农业科学，2012，40（9）：1003-1005.

[174] 臧文如，傅新红，熊德平. 财政直接补贴政策对粮食数量安全的效果评价 [J]. 农业技术经济，2010（12）：84-93.

[175] 赵文林，谢淑君. 中国人口史 [M]. 北京：人民出版社，1988.

[176] 赵冈. 清代的垦殖政策与棚民活动 [J]. 中国历史地理论丛，1995（3）：27-46.

[177] 赵冈. 历史上农地经营方式的选择 [J]. 中国经济史研究，2002（2）：26-32.

[178] 赵冈. 租税制度与土地分配 [J]. 中国农史，2002，21（3）：37-42.

[179] 赵彩艳，刘坚，卢荣安，等. 粮食安全预警系统研究：以徐州为例 [J]. 湖北农业科学，2006（1）：4-7.

[180] 赵圣涛. 乾隆后期河南的灾赈与番薯推广 [J]. 兰州学刊，2010（8）：195-197.

[181] 詹玉荣. 全国粮食产后损失抽样调查及分析 [J]. 中国粮食经济，1995（4）：44-47.

[182] 张波，冯风，张纶，等. 中国农业自然灾害史料集 [M]. 西安：陕

西科学技术出版社,1994.
[183] 张晓波,杨进,王生林. 中国经济到了刘易斯转折点了吗:来自贫困地区的证据 [J]. 浙江大学学报(人文社会科学版),2010(1):54-72.
[184] 张杰飞. 农业劳动力转移与粮食产量:基于中国三大类粮食产量区面板数据的经验研究 [J]. 社会科学家,2016(2):49-54.
[185] 朱泽. 中国粮食安全状况研究. 中国农村经济,1997(5):26-33.
[186] 朱农. 贫困、不平等和农村非农产业的发展 [J]. 经济学(季刊),2005(4):167-188.
[187] 朱凤祥. 中国灾害通史. 清代卷 [M]. 郑州:郑州大学出版社,2009.
[188] 祝滨滨,刘笑然. 我国粮食安全概念及标准研究 [J]. 经济纵横,2010(11):57-60.
[189] 周源和. 甘薯的历史地理:甘薯的土生、传入、传播与人口 [J]. 中国农史,1983(3):75-84.
[190] 周成虎,程维明,钱金凯,等. 中国陆地 1:100 万数字地貌分类体系研究 [J]. 地球信息科学学报,2009,11(6):707-724.
[191] 钟甫宁,朱晶,曹宝明. 粮食市场的改革与全球化:中国粮食安全的另一种选择 [M]. 北京:中国农业出版社,2004.
[192] 钟甫宁. 正确认识粮食安全和农业劳动力成本问题 [J]. 农业经济问题,2016,37(1):4-9,110.
[193] 郑旭媛,徐志刚. 资源禀赋约束、要素替代与诱致性技术变迁:以中国粮食生产的机械化为例 [J]. 经济学(季刊),2017,16(1):45-66.
[194] 中华书局. 清实录 [M]. 北京:中华书局,1987.
[195] 中央气象局气象科学研究院. 中国近五百年旱涝分布图集 [M]. 北京:中国地图出版社,1981.
[196] 中国军事史编写组. 中国历代战争年表 [M]. 北京:中国人民解放军出版社,2003.

后 记

本书依托于江苏省高校哲学社会科学重点研究基地"南京财经大学粮食安全与战略研究中心"和江苏省高校协同创新中心"现代粮食流通与安全协同创新中心"共同完成。本书是国家重点研发计划项目（2017YFD0401401）、中国博士后科学基金项目（2017M610321）、江苏省教育厅高校哲学社会科学基金项目（2018SJA0252）、江苏省高校优势学科（PAPD）、现代粮食流通与安全协同创新中心的重大项目成果。

全书由南京财经大学粮食经济研究院易小兰副教授负责框架设计、统稿和修改定稿。其中，第一章至第四章的主要执笔人为袁泉和易小兰，第五章为易小兰和颜琰，第六章为张婷和易小兰，其余章节为易小兰。硕士研究生杨遥遥和蔡梦雨等负责国内外相关数据的收集、整理和分析。

在本书出版之际，首先要感谢国家重点研发计划项目子课题负责单位农业部规划设计研究院的沈瑾老师，沈老师学识渊博，风趣幽默，平易近人，项目的顺利进行离不开沈老师的悉心指点。感谢沈瑾老师研究团队各位成员的帮助和勉励，尤其要感谢谢奇珍所长、李喜朋博士、翟晓娜博士等在研究上的指点和切磋。感谢国粮武汉科学研究设计院有限公司的高建峰老师、国家粮食局科学研究院钟昱老师和中储粮成都粮食储藏科学研究所许胜伟老师，我依然记得大家一起参与公主岭市万欣农民专业合作社的调研，多次就项目研究进展及相关问题进行研讨，让我受益匪浅。

感谢南京财经大学粮食经济研究院的诸位领导与同人。本书的筹划、研究和出版，南京财经大学粮食经济研究院曹宝明院长给予了重要支持，对此深表感谢！感谢南京财经大学粮食经济研究院有关老师、博士研究生和硕士研究生，学院良好的学术氛围给了我极大的鼓舞和支持。还需要感谢金融学院参与调研的硕士研究生和本科生，这里就不再一一列出，祝愿大家在以后的日子里都能收获满满，硕果累累！

易小兰
2019 年 11 月